做爸媽的一百種方式

尋找懷孕、生產、教養的更多可能

梁莉芳等人 著

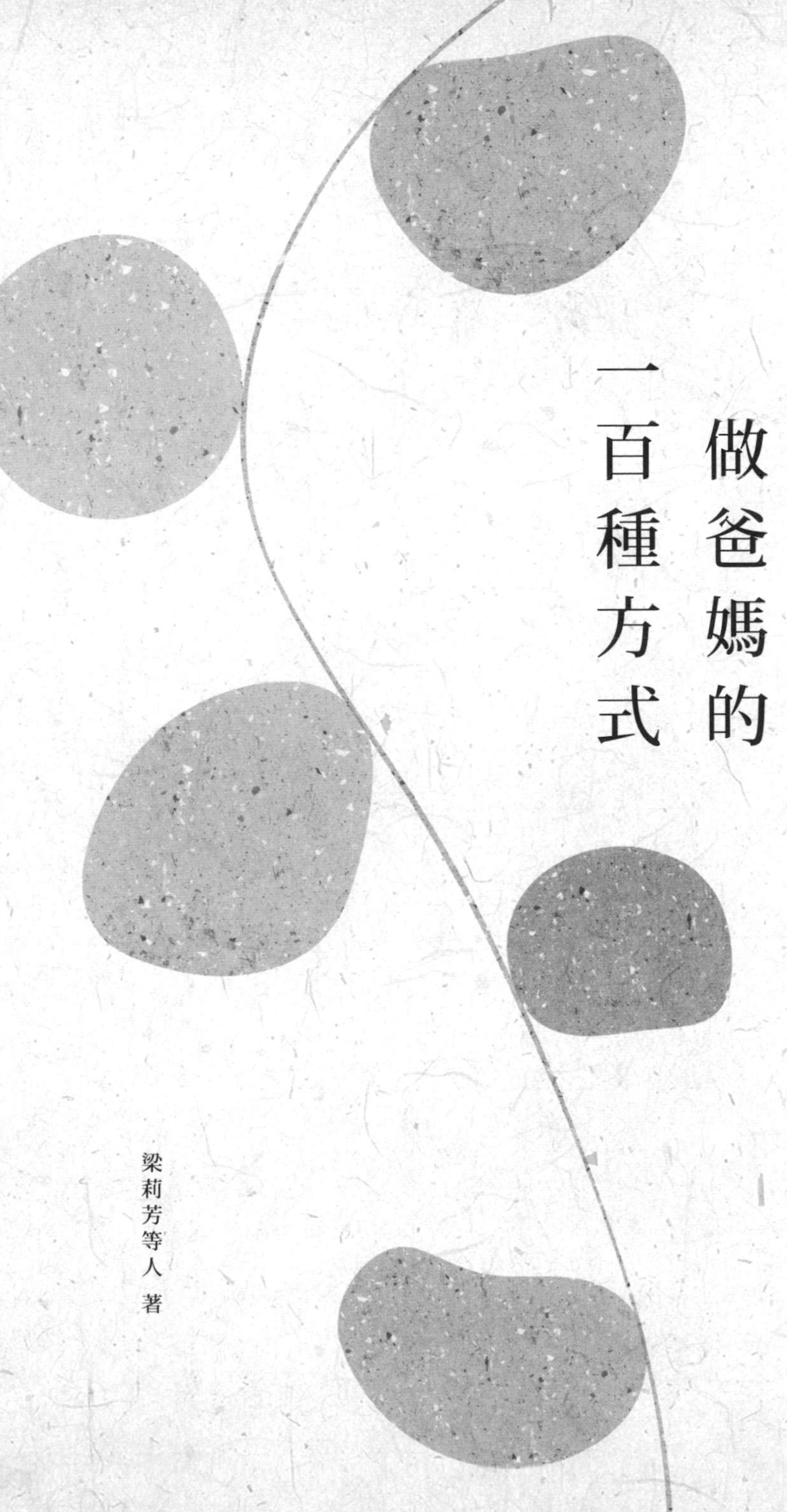

目次

CONTENTS

FORWARD

打破完美媽媽／爸爸的神話：尋找親職實作的更多可能

陽明大學衛生福利研究所助理教授　**梁莉芳**

小孩出生後，我常在需要自我介紹的公開場合表明母親的身分，藉以打破傳統對公／私領域的區隔與偏見，因為社會普遍認為，揭露工作以外的生活，會損害專業的建立。但對我而言，成為媽媽不僅豐富生命意義、創造多重的身分認同，也重新形塑我與世界連結的方式。做媽媽四年多來的履歷經驗告訴我，「個人即政治」，育兒與教養過程中，每個環節的選擇與安排，不只是我們和孩子親密互動的結果，更多的時候，社會對於完美父母（特別是媽媽）

的期待、專家論述對於兒童發展的標準，以及作為父母的價值信念和判斷，都在在影響孩子與我們的日常經驗。

我和這本書的主編宋宜真，先後做了媽媽。我們常透過臉書或是平常的訊息交換分享新手媽媽甘苦，在臉書按讚，或是留言「我懂」、「淚推」，成為不需要太多言語就能心領神會的支持方式。印象很深刻，當時我和宜真架上的育兒百科選書幾乎重疊，從「百歲派」、「天才保姆」到「親密派」，我們用功研讀，也勤奮實作，但孩子的回饋往往不是書上描述的理想狀況。那時候，我們一邊祈求找到嬰兒的使用說明，一邊不時懷疑自己「做媽媽」的能力。隨著我們的孩子漸漸長大，育兒的焦慮雖有消減，但煩惱的種類卻更加琳琅滿目：孩子的身高體重、保姆托育到幼稚園的選擇、跟著親子部落客「瞎拚」傳說中的育兒聖品、和伴侶之間的分工與協商（或大戰），以及工作和母職該如何「輪班」。

這本書的發想，來自於我們相似又不盡相同的母職經驗。我們都曾經想要為育兒路上遭逢的難題尋找「標準」答案，但發現每個人的「標準」其實受到她/他所處的社會脈絡與生活情境所影響。當然，這更反映出我們的小孩是獨一無二的存在，以標準化答案來衡量或要求自己的孩子，未必是合理作法。相較於市場上的暢銷育兒書，這本書不是提供破關方法的育兒祕笈，也不是權威的聖經寶典，而是藉由觀察自己、觀察旁人、觀察整個社會，甚至觀察其他國家的經驗，試圖在更大的脈絡下理解個人遭遇的教養難題。每個人在面對懷孕、生產或教養現場的各種抉擇和反應，背後或許受到結構性因素所影響，而我們的想像是，若能找出這些形塑我們經驗的外在力量，或許就能為每個在親職現場感到困頓的父母創造出各自的出路。

當今的親子教養建議大多來自專家權威或是人氣鼎盛的作者。然而，不同專家的權威意見經常相左，人氣作者的自身經驗也常有盲點。大概是小孩兩歲多的時候，我終於有空出清書架上的親子教養書。這些寶典裡所推崇的「最重要的十件事」或是「讓孩子不哭鬧的方法」，孩子並不完全適用，這證明了每個孩子（與父母）都是獨特的。本書的作者包括半育兒半研究的大學老師、從事親職研究的學者、參與兒童與教育運動的社會工作者，以及持續觀察與反思教養態度的爸媽。換言之，在作者身分之外，我們也都是「地方父母」。本書書寫取徑的優勢在於一反主流教養書的專家口吻與指導態度，我們相信父母能從自身的育兒經驗中長出知識與力量，學習成為自己的「專家」。

過去這幾年台灣社會產出了大量的親職研究，從探究不同典範的教養論述與方式、課後才藝競賽背後的文化邏輯、專業化的母職實作，到科學母職如何影響不同兒童發展階段的親職經驗。蓬勃的現象背後暗藏社會對育兒與教養的集體焦慮。孩子一歲多的時候，我跨界成為半吊子的親職研究學者，當時，我開始訪談身邊同為母親的朋友，以滾雪球的方式，請她們介紹其他有意願的受訪者。研究的初心，其實是想要回答自己在育兒與教養過程中遭遇的

（遠超過）一百道難題。很有意思的巧合是，從那時開始，我在研究所指導的學生也相繼展開與親職相關的研究，包括新手爸爸、全職媽媽、勞動階級的單親父親，以及有工作的媽媽（working mothers）。

藉由自己與學生的研究，我們觀察到，雖然婦女運動與性別運動提升了台灣整體的性別意識與平權觀念，但我們社會對於親職（特別是母職）的要求似乎越趨嚴苛。誠如社會學者雪倫．海特（Sharon Hays）的觀察指出，密集母職是當代社會母職實作的重要特徵，預設媽媽為孩子的最佳照顧者，必須為育兒投入大量的時間和心力，過程中強調以孩子為中心的教養方式，以及專家論述作為指導原則的權威性，而我們犧牲的，可能是母親的福祉與自我的實現。同時，在全球化的脈絡下，我們（特別是中產階級父母）把對於未來的不確定性轉為對培養下一代競爭力的具體要求：期待教養出能與世界接軌的孩子。然而，在看似悲觀的霧霾中，我們依稀看到翻轉的可能：近年來，有越來越多的男性願意挑戰傳統男主外女主內的性別分工，以更多元的形式實踐親職，不再只是負責陪玩。他們更多的參與，也可能改變媽媽作為孩子最佳照顧者的迷思。

這本書涵蓋的主題來自我和宜真的切身之痛，以及非正式的「市場調查」，蒐集了大家普遍關心的育兒與教養議題。親職的焦慮在懷孕後便如影隨形，準媽媽作為女人的主體性往往消失在產科醫學知識與臨床實作的過程裡。孩子誕生後，除了初為人母／人父的喜悅，迎來的是一連串的挑戰：母乳哺餵、孩子的發展，甚至是育兒用品的選購，好像都決定了自己能不能成為稱職的父母。到底誰才是完美爸媽？托育選擇，又是父母的另一個考驗，要自己帶？還是去幼兒園？團體學習好？還是加入現在正夯的共學？每個安排與決定背後的基礎又是什麼？這本書也納入不同家庭形態的親職經驗，藉此鬆動社會對「正常」家庭的定義，勾勒更多越界的可能。最後，透過討論國家的角色與教育的目的，我們指出育兒與教養孩子需要的公共支持。

本書作者分享的育兒經驗與實作不是「唯一」、「標準」或是「最好」的方式，信念與價值或許也不盡相同，但我們都相信，在這個資訊爆炸的時代，作為父母更需要知道如何依據自己與孩子所處的脈絡和狀況，做出最適合的選擇和決定。育兒不只是個人煩惱，更是社會/公共議題，唯有藉由不同經驗的討論和反思，才有可能拆解親職迷思，讓教養實作有更多的可能性和空間。作為大學老師，我深知自己占據多麼有力的社會位置，但即便如此，我還是經常得面臨「做媽媽」的崩潰。我們最需要的，不是教導爸媽如何做爸媽，而是創造對孩子、對爸媽更友善的社會。

STATION 1

做爸媽的第一站：懷孕生產

懷孕，是很疏離的經驗，也是很親密的經驗。從驗孕棒的兩條紅線，到透過超音波看到的黑點，有甜滋滋的喜悅，也有如影隨形的焦慮。原本認為自己絕不迷信的女人，也開始願意遵循民間流傳的各種趨吉避凶的訓誡。我們在科學理解的範圍外尋求庇佑，也在現代產科醫學的凝視下交出身體的自主權。台灣社會對於懷孕與生產的想像其實十分狹隘，

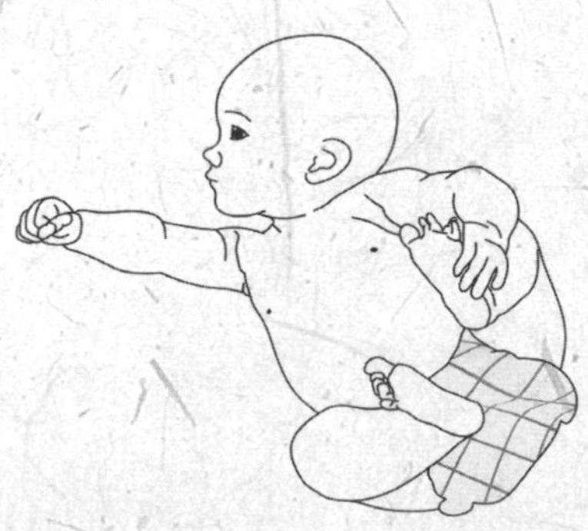

打探搜尋所謂的名醫、五花八門的產檢項目、在醫院的產檯迎接新生命的到來。醫療的進步監控與規避了懷孕生產的風險，卻也讓懷孕生產不再是生命的自然經驗，而成為醫療管轄的業務，以及必須介入的行為。

這一站，我們將挑戰生物醫學的單一觀點，讓女人作回主體，重新理解什麼是懷孕生產？生產只能是產檯上任人宰割的痛苦經驗？抑或可以是自主與力量的展現？如何參與醫療協作的過程？又如何思考與做決定？科技是雙面刃，吳嘉苓的文章討論當代生殖科技進展快速，不但翻轉不孕無子的汙名，也豐富我們對精卵結合途徑的各種想像與實踐。施麗雯指出，台灣的產檢密集度堪稱世界之冠，準媽媽戰戰兢兢遵照醫療專業的建議，透過一次次的產檢確保胎兒健康發展，但也增加母親的焦慮。然而，懷孕期間的種種努力，是否能換得美好的生產經驗？徐書慧與官晨怡分別從倡議者、學者以及同為媽媽的觀點，闡述什麼是「溫柔生產」，以及女人與寶寶如何抵抗醫療的專業霸權，重新成為生產的主體。

STATION 1-1

精卵相遇的一百種方法——不孕男、三胞胎媽，以及同志的生殖科技之旅

台灣大學社會系教授 吳嘉苓

二〇一六年秋天，台北街頭的同志大遊行，第五大隊由「親子共學」與「同志家庭權益促進會」這兩個團體領頭。爸爸媽媽推著嬰兒車，牽著孩童的小手，拿著「我生孩子，不生歧視」、「彩虹寶寶，增產報國」的牌子，一起為同志平權發聲出力。

我跟著這支隊伍，忍不住猜想，如果回到精卵相遇那一刻，這群小孩是怎麼孕育出來的？有的或許是一場男歡女愛，有的是同志在前一段異性戀婚姻所懷，或許也有不孕夫妻的受精

卵是在試管中進行分裂，還有一些女同志遠赴海外透過捐贈的精子來懷孕。時至今日，精卵相遇、孕育新生命的方式，還真是百百款。

新技術，新生殖？

數千年來，人類經由兩性性交來孕育下一代。但這一百多年來，新生殖科技的發展開拓了人類多樣的孕育方式。早在十九世紀中期，西方醫學就有案例記載，把捐贈的精子注射到婦女體內，促成不孕夫妻懷孕。台灣到一九五〇年代才開始施行人工受精，主要用來處理男性不孕的問題。當時的精子有的仍然來自丈夫，洗滌後再注入，有的則採用捐贈的精子。台灣早年的捐精者常是醫院的醫學生或年輕醫師，因此不孕專家一度宣稱人工捐精生出的小孩智商較高，而醫界的成規與之後的法令規定也一直採用匿名捐贈。近年來台灣使用捐贈精子來治療不孕的次數，每年約兩百多件，甚至少於使用捐卵受孕的比例。利用受贈精子生下的子女，與父親沒有血親關係，也許是阻礙使用的原因之一。

一九七八年，英國誕生世界上第一個試管嬰兒，堪稱世紀性的突破。這種「體外受精」(in-vitro fertilization，簡稱ＩＶＦ）技術，突破點就是在「體外」：受精卵能在體外形成。ＩＶＦ的典型步驟是分別取出精子與卵子，在培養皿形成受精卵，然後再植入女性體內。台灣於一九八五年誕生第一個試管嬰兒，也成為夫妻處理不孕難題的新解方。目前台灣每年已有兩萬多次的ＩＶＦ嘗試，生出七千多名嬰兒，占全體新生兒的三％。

「我的精子戴眼鏡、走會喘」

我剛開始從事不孕研究時，有位同行主動表示願意受訪，成為我研究計畫第一位男性受訪者。這位幽默的大學教授告訴我，最初發現原來不孕的問題出在自己身上時，湧出很強的自卑感，覺得對不起列祖列宗。連父母也懷疑是否兒子書讀太多，導致精子活動力不足。「我就開玩笑說，我的精子都戴眼鏡，在那邊看書，然後運動很差，可能會走錯方向，在路上還會喘。」同行難受之餘，獲得家人許多的安慰與支持，之後嘗試不孕治療，但發現太傷妻子身體，就決定接受無子的狀況。

往後我聽了更多不孕夫妻的故事，也更明白不孕造成的自我否定，男女皆然。然而，即使男女不孕的比例幾乎相當，由於傳統社會仍把生育的任務放在女性身上，女性比男性更容易遭受懷疑的目光，常承受先去檢查身體的壓力。還有一些女性幫丈夫「揹黑鍋」，保住了丈夫尊嚴，自己卻飽受奚落。我的同行經常公開自己的男性不孕經歷，就是致力於打破彷彿只有女人會不孕的刻板印象。醫界也屢屢呼籲，夫妻若懷疑不孕，男性的檢查較為容易，應率先進行。不孕夫妻處理汙名的策略也很多樣。有的刻意避開親友，有的宣稱是自己不想生，也有許多透過生殖科技希望解決不孕的困擾。

然而，生殖科技並非萬靈丹，台灣的ＩＶＦ成功率僅有兩到三成，各項程序也都附帶不少健康風險。使用刺激排卵藥物、進行取卵手術、植入胚胎等過程，都是侵入性的醫療，可能導致過度刺激排卵症候群或是各類感染風險。其中，因為植入過多胚胎，或是因為使用排卵藥物而導致多胚胎懷孕，是母嬰健康風險的主要來源。

「看來要保大人，不要保嬰仔」

美慧說起十多年前的懷孕歷程，仍歷歷如繪。她在一九九七年採用試管嬰兒的技術，懷了三胞胎。她二十二歲結婚後，便辭去工作全心準備懷孕。後來她得知自己有輸卵管沾黏，便以中醫調養了一年，但仍舊未能成功受孕，因此第二年就到大型醫院治療不孕。美慧提到公公抱孫心切，並且認為人一定要有自己的後代。她第一次取了十八個卵，實驗室成功培養出十三個胚胎。為了提高受孕機率，第一次植入了八個，剩下五個冷凍。胚胎初期有著床，但後來又驗不出來，美慧表示當時非常失落，壓力也很大，難過的程度遠甚於後來懷孕的辛苦。第二次植入剩下的五個胚胎，驗出著床三枚，全家人都很高興，婆婆還開心地說：「三個沒問題，我們可以養。」醫師沒有提到減胎的選擇，美慧也表示，以自己的宗教信仰，她也不會減胎。但在懷孕期間，可能因為多胞胎造成的特殊荷爾蒙變化，她孕吐嚴重到住院。公公甚至決定：「我看要是不行的話，要保大人，不要保嬰仔。」三個小孩在三十五週以剖腹產提前出生，體重在一五〇〇公克上下，分別在保溫箱住了二十多天和四十天才出院，當時的健康問題也多。我在高雄小鎮的教會辦公室訪問美慧時，三個念國中的小孩活蹦亂跳，正準備參加青少年的主日學。

美慧歷經的幾乎是場要命的旅程，但這並非極端案例。多胞胎懷孕的艱辛，是這些媽媽常見的經驗。台灣媒體向來熱愛報導四胞胎一起上小學、三胞胎一起演奏、雙胞胎一起考上明星高中等溫馨可愛的花邊新聞，殊不知多胞胎的孕產凶險萬分。多胞胎會大幅提高早產機率，許多新生兒一出生就得住保溫箱，甚至從小就領身心障礙手冊。這種家庭身心俱疲的場景，很少出現在大眾眼前。

助孕科技造成的多胚胎懷孕風險，國際醫界一直透過各種管制來處理，包括明文限制多胚胎植入的數目，或是採用減胎的技術來減少懷孕的胎數。北歐國家自一九九〇年代後期，就開始朝向植入一個胚胎的理想前進。相對於此，美慧於一九九七年分別植入八個與五個胚胎，在當時沒有任何規範的台灣，卻屬常態。國際統計也發現，台灣植入胚胎的數目，經常名列世界最高。台灣於二〇〇七年通過人工生殖法，規定胚胎植入數目不得多於四個，但這仍是十分寬鬆的限制，對減少多胞胎孕育的成效有限。台灣立法的同一年，日本醫界也更新了胚胎植入數目的規定，明定未滿三十五歲的女性要以單胚胎植入為原則，失敗兩次之後，才能植入兩個胚胎。若按照這樣的規定，二十多歲就使用生殖科技的美慧，就只能植入一個胚胎吧。

近日台灣醫界訂立更嚴格的臨床指引，力圖透過自律來減少多胞胎。國際醫界也提出新的「成功率」定義：不只活產，寶寶還要是體重充足的健康單胞胎，才算成功。台灣除了規範不夠嚴格之外，不孕醫療機構競爭激烈，IVF仍需自費，也使得當事人願意以多胚胎植入來增加受孕率，但付出的代價卻是母嬰健康。台灣的試管嬰兒仍有接近三成的比例是多胞胎，這是警訊。

全球裝配的彩虹寶寶

苗媽是著名的拉媽，當年她與伴侶一決定要計畫生育，就開始搜尋各國資料，努力查找相關醫學名詞，也使用跨國付費諮詢，並參考其他女同志的經驗。由於苗媽的家人有僵直性脊椎炎（與家族遺傳高度相關），因此她與伴侶最後計畫由她負責懷孕，伴侶提供卵子，至於精子，則來自丹麥的商業精子銀行。這家銀行常以國際快遞運送冷凍精子，但是台灣礙於商務貿易的規定，並不受理這類包裹。在考量過各個國家的醫療狀況之後，她們選擇將精子寄到泰國，然後在泰國的生殖中心進行手術。伴侶要打針吃藥取卵，苗媽則是打針吃藥以及植入。這整場歷程，從資訊、精子、藥物、診間、法令以及孕育的身體，堪稱全球性的裝配。苗媽也將一路的歷程發表在社群媒體上，好讓有意懷孕生子的同志社群了解狀況，縮短摸索的時間。這些個別的分享，也逐漸匯流成集體的對策：台灣同志家庭權益促進會近年來就以出版專書手冊及舉辦座談交流，讓同志生殖變得更具體可行。

人工受精這種分離「性」與「生殖」的特性，使得異性戀性交不再是唯一的生殖模式。自一九六〇年代起，英美社會的單身女性與女同志就會自行注射精子（以針筒或滴管注入陰道），或是赴醫療院所使用捐贈的精子，在異性戀婚姻體制之外完成受孕。隨著冷凍技術越加成熟，國際上有些商業化的精子銀行供網路選購，跨國生殖科技運作的資訊也透過網路得以傳播，都成為苗媽進行跨國生殖科技使用的技術基礎。

即使技術面可行，到底誰能使用這些科技，還是爭辯不休的議題。台灣實施人工受精技術的早期，即使沒有法令規定，醫界也自動假設服務的對象是已婚夫妻。台灣要遲至第一個試管嬰兒誕生後，才開始訂定相關法規，但也都明定夫妻為使用對象。這讓得遠赴海外接受生殖手術的苗媽感到不平：「同樣都是納稅人，都是公民，為什麼我不能使用台灣自己就有的技術？」

如果參考幾個先進國家的科技規範，單身女性、女同志，甚至男同志的使用資格也逐漸受到肯認。英國早期立法並沒有明定已婚夫妻才能使用，但考量到子女利益時，有提到「小孩需要父親」。同時，也有不孕診療機構拒絕為單身女性與同志提供服務。然而，透過更多的討論與研究，包括同志團體抗議法律與醫界的歧視，英國後來發展出的做法，已經納入更多社群。法令上論及子女利益時，改成子女「需要受到慈愛照護」，而非僅強調父親。同時，也積極調查單身女性與女同志就診時，是否受到不友善對待，並積極保障生殖科技使用者的權益。這些助孕科技，看似在處理精子稀少、輸卵管不通或是習慣性流產等「生理性不孕」的問題，卻也多次衝撞了社會規範，並催逼社會反思所擁護的價值，成為「社會性不孕」（無法透過異性性交的方式懷孕）實現生殖願望的資源。

根據世界生殖醫學會聯盟的最新調查，全球共有六十二個國家或地區針對生殖科技訂立法令規範，其中僅有十四個國家強調已婚夫妻才能使用此科技，並大多集中在伊斯蘭教與東（南）亞國家，包括台灣。大多數國家是基於平權的理念，開放生殖科技的使用對象。除了做父母的權益，還有性別政治的討論，都複雜化生殖政策的辯論。有些國家如以色列則強調增產報國，以及以生育實踐母職的重要性，對於單身使用生殖科技還提供健康保險的給付，但這也強化女人不生不行的意識形態。而代孕涉及第三人懷孕，既有以利他精神、助人懷孕的新興生殖分工，但也可能造成階層化生殖，例如由第三世界的窮苦女性為第一世界的夫妻或伴侶提供服務。

「註生娘娘保佑、同志多子多孫」，我跟遊行街頭拿著創意標語的年輕人比讚，讚歎她們開拓辯論空間的行動力。註生娘娘要保佑的清單有一拖拉庫啊：去除異性戀夫妻的不孕汙名、降低多胞胎的健康風險、擴展多元成家的資源……精卵相遇的方式已經不止一種，若能牽引出更友善、健康、平權的社會制度，台灣還有跟著受精卵一起成長的空間。

STATION 1-2

懷孕與產檢——台灣女性的喜悅與焦慮[1]

台北醫學大學醫學人文研究所助理教授　**施麗雯**

懷孕了！知道自己懷孕的時候，除了欣喜，也許還會帶點不確定。這些不確定來自於身體的變化，因為有個新生命在身體裡成長，而成長意味著各種難以預期的可能。此外，懷孕也意味著要當媽媽了，未來的生活將面臨重大改變。這些生理和心理上的變化，其實都需要時間來調適。但是在台灣，由於產檢過程中密集進行各項檢查，醫師和孕婦也會透過超音波

註1　本文部分文章已發表於施麗雯，二〇一五，〈台灣的道德先鋒：焦慮、產檢選擇與責任的矛盾〉，《科技、醫療與社會》，第廿一期，頁七七—一三四。

影像持續觀看/監控逐漸長成人型的胎兒，於是女性在懷孕過程中，重心幾乎都放在胎兒健康上。此外，在產檢有限的時間裡，孕婦能跟醫生討論的大多也是胎兒的檢查報告結果，孕婦在生理和心理上的不適與疑惑，只能各憑本事自行解決。這就如許多女性主義者和相關社會學者所指出，當代科技的發展讓胎兒成為懷孕與產檢的主體。然而，當懷孕的女性過度掛心胎兒的健康，懷孕便不再是全然美好的過程，而產檢的介入，更讓自然的生命過程轉變成醫療化過程。

事實上，產檢科技為孕婦和胎兒帶來安心，但同時也帶來新的焦慮。在定期面對胎兒的生長狀態時，也意味著要時時準備面對道德抉擇。

台灣產檢的醫療密集

筆者在留學歐洲期間，常常聽到台灣友人懷孕後專程回國產檢或待產，原因之一是認為台灣的產檢比較「先進」，產檢的醫療院所每次都會提供超音波以及許多額外檢查，但在歐洲，孕婦無法自行選擇醫生和醫療院所，而且若無重大因素，整個孕程只能獲得兩次超音波檢查，額外檢查都必須自費。

以英國為例，孕婦通常是在第一次產檢和特定的情況下才會見到婦產科醫生。另外，除非胎兒或孕婦有狀況，否則健康的孕婦只有進行超音波檢查的那兩次產檢會到醫院，例行性的產檢則是孕婦自己跟助產師約時間。若個人有特別的檢查需求，自費項目會貴得嚇人。這是因為許多歐洲國家（例如英國、荷蘭、丹麥、瑞典等）都將懷孕視為自然過程，除非必要，否則醫生不會主動介入，更不會主動提供額外檢查。一直到生產結束，產檢和待產多是由助產師協助。

台灣自從一九九五年實施全民健保後，醫療一直都被認為是便宜又大碗，產檢也一樣。在台灣，估計約有九十七．二%的懷孕女性接受產前檢查，只要加入健保，經由醫生確診懷孕，便可享有免費十次的產檢。目前大約有九十四%的台灣女性會走完這十次產檢，並隨著妊娠期進行特定的常規檢查，像是超音波和母血唐氏篩檢等。其中，超音波檢查技術自一九七一年引進台灣之後，已成為產檢的常規項目。健保其實只提供一次超音波檢查，但許多醫療院所為吸引客戶，會免費提供另外九次。長年下來，國人已習慣每次產檢都伴隨超音波檢查。不過，世界衛生組織明文指出，超音波檢查並非必要的例行性產檢項目，唯有需要時才使用（例如為了確診胎兒的位置或器官生長）。世界衛生組織在二〇一六年十一月最新的懷孕與產前照護指引中，僅建議女性在懷孕廿四週之前進行一次超音波檢查，並強調讓女性有正面的懷孕經驗比什麼都重要。也就是說，與其把重點放在監控胎兒影像，更應該把注意力放在孕婦的身心狀態。目前許多歐美國家在產檢照護上，也只提供兩次例行超音波檢查，例如英國第一次是在懷孕的第八週到十四週之間，第二次是十八到廿一週之間。

除了超音波，由於基因科技的發展，產檢項目上也加入越來越多基因篩檢與檢測，以了解胎兒未來可能的健康狀況。不過，是否每個孕婦和胎兒都需要接受這些檢查？這些檢查又會帶來什麼影響？

喜悅與焦慮

「其實要去產檢之前，你都會說哇，又可以看到小朋友又長大了啊，或者她最新的狀況是什麼。可是其實也難免會有點擔心說［……］。因為你一面很期待去作檢查看看寶寶有沒有長大，另外一方面又很擔心會聽到什麼壞消息……就是這樣子，每次都是這樣子……」（鄧鴻蘭，廿九歲，第一胎）[2]。

受訪者鄧鴻蘭提到，每次要去做產檢，心情就像一邊放晴一邊下雨。開心的是可以看到胎兒影像，擔心的是檢查結果會不會是異常。鴻蘭的心情，其實也反映了大多數台灣女性的懷孕心情。

在台灣，超音波影像已經是許多懷孕女性最期待的產檢項目，甚至視為產檢的「高潮」。

就曾有孕婦在診間聽到醫生告知在超音波影像中看到白色的點，因而緊張過度，突然暈倒。但另一個原因是，她不知道篩檢與檢測的差別，以為胎兒健康出了問題。

所謂篩檢，是照超音波、抽血、量血壓和量血糖等測量動作。當以上檢查有問題時，再針對特定目的進行確認，這就是檢測。檢測常常是針對特定的群體，例如有家族病史者，或者對篩檢結果有疑慮者，通常是針對基因問題作確認。目前的產檢也將卅四歲以上的孕婦納入特定檢測的群體。

現在由於基因篩檢與檢測技術的高度發展，女性在懷孕初期便可透過血液檢視胎兒的基因，像是非侵入性胎兒染色體基因檢測（non-invasive prenatal testing，簡稱ＮＩＰＴ），準確度最高可到九十八％，而且沒有傳統羊膜穿刺術的流產風險。

產檢科技帶來的道德處境

正因為科技的便利性，許多孕婦開始考慮跳過篩檢直接做基因檢測，以安全、迅速得知胎兒的健康狀況。不過，究竟知道越多，是讓懷孕女性更加放心，還是惶惶不安呢？另一位

註2　文中出現的所有受訪者、醫師和醫院的名字皆為匿名。

受訪者游沐恩分享的經驗：

因為妳看不到胎兒，懷孕過程讓人覺得很緊張。因為妳［……］總是會擔心胎兒的健康狀況，就好像是得了被害妄想症一樣（游沐恩，卅四歲，第二胎）。

美國女性主義者瑞普（Rayna Rapp）指出，產前科技的發展，為女性帶來的是道德困境與選擇的難題。她們是史上率先經歷產檢科技應用的使用者，所面臨的選擇也是過去女性不曾面臨的難題，因為進行產檢時，「一個接受診斷的胎兒也隱含著可能是將被人工流掉的胎兒」。尤其當女性面對的是帶有缺陷的胎兒，並面臨終止懷孕手術的選擇時，就像是被推上道德哲學家的位置，必須決定什麼樣的孩童可以進入我們的社會。瑞普強調，當代產檢科技的發展，促使女性被建置在這個身心障礙意識與墮胎意識的交叉路口，反覆想像著選擇的結果，包括對自己未來生活的想像，以及對整個社會樣貌的想像。

台灣的女性其實也正經歷這樣的焦慮與道德先鋒的兩難，因為整個產檢過程讓台灣女性關注胎兒的健康甚於一切，時常處於因產檢而可能面臨的選擇焦慮中。如前文中鄧鴻蘭的經驗，整個產檢過程讓她處在不知是晴是雨的心境，更如沐恩所指出的，因為過度擔心胎兒的健康狀況，讓她「好像是得了被害妄想症一樣」。

產檢需要更多非醫療元素

不少台灣懷孕女性因此出現「逛產檢」或「逛醫生」的現象。受訪者張淑娟在第二胎的一次例行性檢查中被告知胎兒可能有問題。她毫無心理準備，在不知所措之下，開啟了連續五天逛四個醫生的經歷。儘管淑娟看的第二位醫生認為問題不大，建議她先選擇流產風險低的檢測項目，但是淑娟還是找了第三個和第四個醫生。

> 我們有請吳婦產科醫院的院長吳醫師看看。他說妳是想要知道危險性偏高的還是偏低的，還是想知道準確度高還是低的？他的意思是說，現在做羊膜穿刺已經很普遍了，便建議我們直接去做。所以我們就直接去找郭醫生做。（張淑娟，三十歲，第二胎）

台灣女性在面對產檢的抉擇時，就跟瑞普研究裡的紐約女性一樣，陷入道德選擇的難題，有時只能透過「多方比較」來紓解無所適從的焦慮。不過，因為文化與社會的差異，台灣女性在生育健康後代一事上，被賦予的責任比男性更大。在這幾年的田野調查裡，將近五十位的受訪者在談到她們的決定時，除了其中兩位，其餘都是以優生為主要考量。而優生論述應用在產檢上時，變成像是對女性的考試，讓女性經歷了許多不必要的焦慮，以及生下健康後代的責任壓力。越南、中國、以色列等許多國家的女性，也有類似的經歷。

鄰近的日本在產檢上的做法則有不同取向。日本跟台灣一樣在二十世紀初期也有優生主義運動，但面對懷孕生產時，會更關注孕婦身體和心理健康。日本的孕產照護有專業助產師協助諮商、產檢與接生的項目，而助產師著重的是女性身體和心理的整體狀況，因此除了提供相關的懷孕資訊，也能提供較多情緒支持。這樣的支持有助於女性面對懷孕期間的不適和不確定性，進而建立起自信，去面對懷孕對身體、心理和未來生涯造成的一切改變。

懷孕對女性來說是很重要的過程，不只是身體的變化，面對新生命的到來，心理和整個人生也會跟著變化。然而，台灣多數的女性卻因為產檢提供了琳瑯滿目的項目，以及對於檢查結果的不安，在科技大幅進入產檢、醫療大肆介入生產的情況下，很難好好去感受這個特別的生命歷程。但懷孕不是病，而是自然的過程。期待未來台灣的孕產照護能夠提供更多非醫療的元素，植入助產師這種以陪伴和支持女性為主的角色功能，讓女性真正成為懷孕的主體，幫助女性在孕程中得到有更多正面的經驗。

STATION 1-3

自然產剖腹產？生產方式只能二選一？——溫柔與多元生產的可能

生產改革行動聯盟成員，兩胎都溫柔生產的媽媽

徐書慧

二〇〇九年六月，寶寶在我肚子裡才住滿五個月，我卻為了寶寶該怎麼和這個世界相見焦慮不已。卅四歲將滿卅五歲，在衛福部的評估標準裡，已算是高齡產婦。儘管我自覺孕程輕鬆、基因良好又生活簡單，但每一次產檢、每一回和親友聊到寶寶，幾乎都有人問我何時做羊膜穿刺，也不斷有人提醒我要打無痛不然保證不敢生第二胎！這一切都給我莫名壓力。我沒想到這會帶來如此極端的感受：既是歡愉期待，又是恐懼擔憂。懷孕跟我想像的完全不

一樣。

打從知道肚子裡有個小生命開始，我就勾勒出一種固定的想像：女人生孩子，很偉大、很辛苦、很危險，也很需要照顧。所有孕婦都帶著肚子裡的小生命來到醫院，透過儀器看到寶寶的模樣，然後回家，等待下一次見面。當預產期越來越接近，我們會在心中反覆評估各種生產方式：如果選擇自然產，寶寶要經過產道擠壓，我還會被剪會陰，並且冒著產後鬆弛的風險。但是自然產的媽媽據說恢復較快。不過醫師的出國時間和預產期撞期，我該配合醫師時間剖腹嗎？又有人因為胎位不正[1]，或因為第一胎已經剖腹，或因為不想經歷聽說很可怕的產痛，索性直接剖腹。

當我也開始面對這些選擇時，幾乎同時陷入了深深的不安。我思考著，生小孩為什麼跟工廠生產線一樣，不是選項一就是選項二？這跟我對生命的認識不一樣。我清楚知道無論選擇自然產還是剖腹產，都避免不了身體上的傷害，但我光想像著身體在承受著產痛的折磨之後還得忍受剪會陰的傷口，就渾身不自在。

我推想，如果生命的孕育是自然發生，生命的誕生應該也可以很自然；如果生命的樣貌是多元又充滿變化，那麼生命的誕生應該也不只這兩種選擇。

遇見溫柔生產，看見生命的樣貌

後來我發現了「溫柔生產」，彷彿從沙漠進入綠洲，充滿了興奮和感激。我猶如飢渴的土壤吸收著所有關於懷孕、生產、哺乳和產後育兒相關的資訊，依循著對生命自主的本能和生命力的信任，漸漸放棄在現有醫療體制內生產的選項，轉而計畫居家生產。二〇〇九年十一月，我的女兒在家中的浴缸誕生，過程雖然沒有想像中順利，但這第一次的生產經驗讓我感受到生命的美好和力量。我待在浴缸裡，撫摸著初生女兒溫涼又溼滑的頭髮，想起人生第一次從主流中出走的經驗，那從靈魂深處湧出的感受深深震撼著我，同時我也思考著，未來我的女兒要在什麼樣的世界和體制下孕育她的下一代？今天我承受過的壓力和限制，她是否也要繼續承受？

我們不想受限於著重效率和管理而忽略人性及尊嚴的醫療程序，因而選擇了沒有足夠支援系統的居家生產，其實是冒著很大的風險去相信生命自有出路，但如果每個台灣女性生活的周邊就有充足而專業的助產團隊，也能與尊重生命本能的醫療後援密切合作，透過國家體

註1　胎位不正自然產有其限制，務必跟醫生和助產團隊充分溝通再做生產的選擇。胎位不正自然產不建議貿然進行居家生產計畫，生產方式和地點需要經過專業助產人員的審慎評估。

系的守護和援助，一起照顧所有正在為台灣孕育下一代的家庭和新生兒，那麼多元、友善又自主的生產經驗，將會是所有人民最基本的權利和福利。

二擇一之外的選擇

經歷了溫柔生產，我開始大力推動溫柔生產。但在二〇一三年初，我們再度陷入了兩難的抉擇。我懷了第二胎，但這次不是思考要在哪裡生，而是我有沒有機會自然產，因為我的胎位不正。原先我們懷著更充分的準備和信心，還計畫拍下待產和生產的過程，剪輯成台灣第一部公開播映的居家生產影片，但遲遲不轉下來的胎頭，讓計畫充滿變數。

為了做好充分的準備，我開始認真去了解胎位不正的各種成因，還有轉胎、剖腹產和自然產的機會以及判斷和執行流程。在這過程中，我充分了解到在台灣想要跟醫生好好對話和提問有多麼困難。並非醫生太高傲，而是他們的時間真的不多，於是助產師和網路又成了我主要的求教對象。當我越了解胎位不正，越熟悉我和胎兒的狀態，就越想要給自己和孩子自然產的機會。

這次我願意在醫院生產，但是希望能選擇自然產。

然而現實的真相是，在台灣的醫療體制下，許多時候產婦是沒有什麼選擇權的。胎位不正算是高風險，就算各種條件都適合自然產，醫師也不敢貿然承擔。我只好再度回到居家生產的計畫，尋求助產師的協助。透過助產師的專業分析，我們才發現，原來胎位不正有好幾種狀況，而且產前需要符合各項條件，才有機會嘗試自然產。至於產婦的身心狀況及接生者的經驗和判斷，更是十分重要。

事實上，胎位不正若要自然產，更容易面臨難產和產程遲滯，能否成功的關鍵在於胎兒在娩出前的姿勢。我們努力做著各種轉胎的運動和療程，並且更加謹慎規劃生產計畫書，和助產師仔細討論各種可能風險以及狀況發生時的因應措施，同時我們不斷向胎兒喊話務必要把體重控制在三千公克以下。另一方面，我們也和醫院的產檢醫師密切合作，觀測胎兒的各種成長數據和隨時會變動的姿勢。我的策略是，不到最後一刻，沒有定案。

同年六月，我在家裡平安順利生下了第二胎。寶寶是最有條件自然產的伸腿臀位，包著羊膜出生，整個生產過程的紀錄也成為台灣第一支公開播放流傳的居家生產紀錄片。這次的生產充滿了風險，雖然我們做好了風險發生時的後送及安排，最後母子也都平安，但這一切辛苦的過程仍然讓我思考著，如果台灣的孕婦在一般的產檢系統下，就可以得到充分的資訊和指導，這樣胎位不正就不會只有剖腹一途，而是充滿自主學習、支持和有選擇的過程，這一切會是多麼不一樣！

婦女有選擇生產方式和地點的權利

這兩次的生產經驗，讓我充分體驗到生命的各種可能和活力，每當我憶及這兩次生產過程，也都充滿著興奮和感激。而我之所以能賦予生產如此正面的評價，關鍵在於「這是我們共同的選擇」。

這十幾年來，台灣學術界也做了許多研究，探討台灣高剖腹產比率的影響和成因。中外研究皆指出，消費意識的抬頭，以及主流體制下的威權形象及限制，讓女性有意識地放棄了身體的自主性。而台灣傳統文化對「傳宗接代」的堅持，以及父權結構的集體意識，更常讓婦女在懷孕及生產這件事情上忽略了自己擁有身體自主權。台灣在四、五〇年代，大部分的生產都還是在家裡或是助產所發生，但隨著時代演變，西方醫療制度的建立，以及政府推動的節育和保健政策，生產這件事逐漸變成了二選一的局面：不是在醫院剖腹產，就是在醫院陰道產。產婦的生產成了身心分離的過程，而且幾乎都沒有選擇的自主權。

日本及許多歐美國家都是醫療先進國家，但是在懷孕生產上不會只能二選一。婦女在懷孕初期就會在國家的守護下了解自己和家人可以擁有的所有選項：在醫院生產（由醫生或助產士接生）、在助產所生產，或是在自家中生產。如果評估後認定孕婦和胎兒的狀況需要更多醫療介入和支持，才會進入剖腹產的程序。此外，無論是產婦本身的意願，還是懷孕和待產的變化所衍生的狀況，國家所建構的互助網絡也會竭力給予幫助。最重要的是，在這過程中，產婦是一切的主體，因為她才是那個實際要生產的人。

沒有一個國家的生育體制是完美的，且受到各自的政策所左右，就像自然產和居家生產比例最高的荷蘭，也正在面臨體制困境（參見延伸專欄「荷蘭生產制度的啟示」），但對我們來說，最重要的是身為女人、身為母親，妳是否清楚明白自己所擁有的權利和選擇？妳是否了解每一次懷孕生產所帶來的變化？妳是否清楚妳選擇的生產方式即將帶給妳和家人什麼樣的人生經驗？

多元友善自主的生產再發現

台灣正以不可思議的速度變化著。六年前的我從沒聽過在醫院以外生產的可能，六年後的現在，我們很容易就能獲得各種生產方式和資訊。六年前我幾乎找不到醫師或醫院協助我完成溫柔生產的願望，六年後的現在，有標榜溫柔生產的五星級醫院，也開始有醫院裡的助產師門診可以預約諮詢，而大部分的醫師聽到生產計畫書也不再是冷著或苦著一張臉，許多第一線的醫護人員開始練習傾聽和陪伴產婦的心聲。這是很棒的正面循環和進步。消費者是改變消費環境的主導者，在生產的環境裡，每個正在生育的家庭和成員，就是促成改變的重要推手。今天台灣的生產環境開始有了一點點變化，正是因為有越來越多準父母開始在乎這個「生命最初的體驗」，也就是生產經驗。在這個人生最重要的體驗裡，他們主動要求要被看見、被聽見、被尊重、被關懷，還要有一起討論的空間。他們主動求知、學習，關心自己和另一半，然後溝通出需求，和協助者一起創造可能。

生小孩不再只是醫院和醫師及個人的事，而是整個國家與社會的事。打造一個擁有真正多元的選擇基礎，友善尊重每個個體，同時鼓勵自主學習懷孕和生產的所有知識和技巧，並且尊重各種專業的生產環境，是國家鼓勵人民快樂生、放心養的最好方式。

荷蘭生產制度的啟示

extension 01

在荷蘭，整個生產照護系統的精神，就是在可靠的照護之外，給予婦女足夠的選擇權。在荷蘭人的觀念裡，怎麼生、在哪裡生、誰接生、用什麼姿勢生、要不要無痛分娩，都是婦女的自由和權利。而婦產科醫生的多年養成是為了處理危急、嚴重和亟需醫療協助的婦產科病症，至於一般正常懷孕的低風險產婦，都應該回歸第一線的助產士團隊來協助。助產士則得經過兩年的專科訓練、兩年的第一線實習，以及臨床不斷練習和累積實作經驗，所以執業的助產士也都擁有足夠的專業和技巧來處理個案，同時人民也十分信任助產士對於產程需不需要醫療介入的判斷，而大部分的醫療救援都會在救護車十分鐘內抵達的範圍待命。簡而言之，荷蘭整個國家面對生產這件事的風氣和態度，是尊重及自由大於焦慮和擔心。

不過，荷蘭也開始針對這樣的生產照護系統進行辯論，主要是荷蘭的新生兒、嬰兒和產婦的死亡率一直偏高。根據荷蘭助產士協會公布的資料顯示，新生兒週產期死亡率大約在平均千分之四左右（先進國家的新生兒平均死亡率是千分之三左右）。這樣的研究數據很容易就跟荷蘭傾向自由選擇和居家生產的生產照護系統連想在一起，然而其實沒有直接證據顯示兩者絕對相關。

相較於此，根據聯合國的報告，台灣的新生兒死亡率超過千分之五，加上台灣是全世界剖腹率第二高的國家，對此，世界衛生組織已經提出警告，而這也是我們國家近年來一直鼓勵自然產的原因之一。

在不同的民情和文化背景之下，荷蘭的生產系統和台灣現在的生產環境相比，可謂光譜的兩端。荷蘭生產制度給予的啟發就是，人權、自由、尊重等價值也應該引入產檢和生產的過程。台灣的生產醫療制度未必能夠也未必需要照單全收荷蘭經驗，但是我們確實需要重新思考既有生產醫療思維是否缺乏產婦主體的參與？台灣的生產醫療沒有理由堅守既定的制度和觀念，也無需認定產婦訴求的生產自主權只是在挑戰權威和製造對立。

生產行動聯盟的期望是，台灣政府能從法源來推動，讓專業研修懷孕、生產相關的助產人員和產科醫護人員站在同一陣線，打開溝通的大門，共同研擬更具可行性的共同照護計畫，

那麼台灣婦女和新生兒的幸福和價值，才有機會真正獲得正視。

溫柔生產的「風險」

extension 02

隨著溫柔生產的理念不斷推廣，以此為訴求的高檔私人生產中心也越來越多。然而，未必打著溫柔生產大旗的醫療院所，都是真正實施溫柔生產。

不少網友前往「標榜溫柔生產」的醫院，卻發現生產過程十分「不溫柔」，原因是沒有任何藥物跟麻醉，產程十分疼痛，而且不剪會陰，導致會陰嚴重裂傷，甚至一路裂到肛門。

然而，以上狀況正顯示整個產程並未真正實踐溫柔生產的精神。並非不剪會陰、不灌腸就叫做溫柔生產，溫柔生產並不是一種生產方式，而是在互信關係中進行生產。雙方事前都做好充足準備，在尊重產婦意願和助產者專業的情況下，以最低程度的醫療介入來完成生產。

生產必定經歷宮縮陣痛，胎兒娩出當下也是產痛的最高級。此時助產者應該協助產婦放鬆心情、進行會陰按摩、哈氣用力（一般產房都教閉氣用力，但這是最容易裂傷的用力方式）、胎兒娩出時以手保護會陰、協助產婦感受宮縮、變換姿勢，甚至胎頭現身時，產婦不可過度用力，而是換口氣緩緩，以免會陰皮膚撕裂。

至於催生、推宮底，以態度或言語催促產婦、以產程過久胎兒狀況不佳來威脅產婦，都是不應該的介入。當產婦處於緊張狀態，陰道和骨盆肌肉都是縮緊的，並不利於生產，而在生產的最高潮、胎兒娩出的當下，再以最大外力壓迫產婦肚子，更會對產婦造成傷害。在這種情況下出生的寶寶，多是在媽媽的尖叫聲中「噴出」，此時小小的產道口肌肉組織尚未有足夠時間伸展到需要的寬度和韌度，瞬間被迫張大，導致四度裂傷，這也是許多產婦不剪會陰無法生產的原因。但是經過會陰按摩和緩和產程出生的寶寶，卻是「滑出」產道的，會陰不會嚴重裂傷。

以我自己溫柔生產的經驗，生第一胎時二度裂傷，不用縫便能自然癒合。第二胎時檢討第一胎的裂傷應該是用力的方式不太對，所以特別認真做準備，加上胎位不正會是臀位出生，產道娩出的時候張力需要更大，所以我更用心做運動。最後寶寶出生時因為包覆著羊膜，反而大大保護了我的會陰，撕裂不到一度，產後當天就可以走動洗澡來去自如了。

事實上，不管是在家裡生產、在醫院裡的溫柔生產，只要真的有做到以下幾點，幾乎都是美好、受尊重、充滿能量的體驗，讓妳覺得值得再來一回：

一、院方或助產者有充分告知、充分溝通，主動提供資訊，給予選擇的空間。

二、準爸媽起碼有看完《溫柔生產》這本書，或是起碼參與過相關的分享會、課程、講座、社團。

三、準爸媽對於懷孕、生產這些「知識」不單是透過醫院得來，還會有多種來源或管道，並讓妳提問、討論。

四、決定溫柔生產不是因為「這好像比較好」，而是「我知道為什麼這樣生小孩很重要」。

五、接生團隊和待產者及其家人，都有「慢慢生」的共識。不強迫、不強求、不趕時間。

六、準媽媽會為了這次的生產做很多準備，從日常、物品、飲食，到身心調整。

七、接生者和待產者彼此是信任的合作關係，不是上對下的不平等關係。

八、待產的準媽媽了解放鬆對產程的重要。

因此，說到底，「溫柔生產」是沒有風險的，在不尊重產婦意願的產程中生產，風險才高。有許多「看起來的風險」，例如婦產科醫學會在二、三年前開記者會抨擊「生產計畫書要求在廁所生小孩，是外行在指導內行」，其實是醫界在對生產計畫書毫不理解的情況下妄下評論。溫柔生產需要準爸媽付出很多時間和精神去主動學習、討論和計畫，是生產者和接生者的合作關係，而不是買賣服務，是體現對生命的尊重和關懷的生產方式。而生產計畫書更不是「命令和協議」，是產婦的「個人意向書」，期待妳和妳的醫師或是接生團隊已經進行了長時間的有效溝通，明白妳會在哪裡生、怎麼生，也有充分共識在哪些情況下會進行哪些處置。所以生產計畫書應該「簡單、字體大、保留彈性空間」，因為所有的生產最終的目標，就是平安生產，要讓他們在妳生產的過程裡，一眼就可看到妳的需求，然後給出當下最好的判斷。

STATION 1-4

從作研究到生小孩：我為什麼居家生產

國防醫學院博士後研究員 官晨怡

二〇一五年十月，寶貝誕生於家中浴缸，是計畫好的居家生產，母子均安。我上臉書向親友報平安，友人除了恭喜，表示驚訝的也不在少數，其中一則留言這麼說：「妳居然選擇這麼瘋狂的方式生！但是我敬佩妳！」

在台灣，不在醫院生產是難以想像的。許多居家生產的夫妻為避免家人擔心，事前都不讓家人知道這樣的計畫，我也不例外。平安生產後，爸媽與弟弟們趕來，見到家中新成員健

康誕生，欣喜之餘仍忍不住責備我的大膽行徑，他們臉上的驚恐和困惑告訴我，若事前得知，他們絕對不會接受我居家生產。事實上，根據國際健康報告，低風險產婦最佳生產場所依次是家裡、助產所，然後才是醫院，在台灣，居家生產卻成了「不能說的祕密」，醫院生產被視為唯一的安全選項，然而真是如此嗎？

在醫院生產比較安全？他們沒告訴你的風險

要去醫院生？還是在家裡生？懷孕期間，自己也曾掙扎一番。年近四十，終於有機會當媽媽，自然不願意多冒險，平安生產是我最大的考量。在醫院中，生產被嚴密地監控著，警訊一旦出現，醫療立即介入，這種人為控制下完成的生產，理當最讓人安心，但過去的研究經驗卻告訴我，醫院生產不見得是最安全的。為了收集博士論文資料，我長時間在醫院與診所裡蹲點，近距離接觸台灣醫療生產環境，這些見聞在日後幫我做了人生最重要的決定之一。

作研究時，我很少能在產房裡感到放鬆，因為那是個高壓的工作環境。根據統計，台灣有九十九%的生產在醫院中發生，是助產士接生率最低的國家，造成產科總是擁擠、緊張。產婦被推到走道上，用拉簾隔出一個機動性待產空間，是我在醫院裡常見到的景象。這樣的情境裡，時間控制成為醫護人員的工作重點，制式化管理成為解決結構性困境的辦法，催生、廿四小時臥床胎心音監測、剪會陰等，在許多醫院成為常規做法。

除了管理目的，在醫療觀點裡，生產是充滿不確定性的過程，若要避免風險，並「幫助」產婦完成生產，醫療介入是必要的，然而，這些醫療干預同樣帶有風險。舉例來說，施打催生藥會不會影響胎兒？一位資深醫師曾在門診空檔告訴我，為了「清空產房」，台灣的催生有些過度，而這可能造成胎兒心跳突然上升或下降，必須緊急剖腹產。事實上，這樣的風險早在一九七九年就有國外醫師提出，但台灣卻仍未正視過度醫療干預帶來的風險。

「所有生產都一樣」：消失的自主空間

醫療干預成為常態，意味著產婦的自主性被迫消失。「所有生產都一樣」，我曾聽一位主治醫師這麼告訴實習醫師，那是田野調查中最震懾我的一幕。

那天，我一如往常到產房報到，一位產婦正從待產區被推進生產室裡，她的寶寶要出生了。我匆忙換上無菌衣，跟著實習醫師進到生產室，在那裡見到了全武行的接生陣仗。病床擺在正中央，產婦採截石式[1]躺著，正前方站著刷完手的主治醫師與助手，右側一位住院醫師手抓真空吸引器，準備隨時支援。另一側，護理人員站上高台，準備必要時推產婦肚子（這個動作又稱為「壓宮底」）。產婦其實還沒用力多久，這些陣仗就全用上了。現場一陣忙亂，寶寶「被娩出」後，由護理人員抱到媽媽面前，但媽媽已無力抬眼好好看他，而是面無表情地躺著。看著這一幕，我久久無法從心疼與驚恐中平復，只聽見一旁的主治醫師對實習醫師說：「生產就是這回事，以後你就知道，所有的生產都是一樣的。」

或許該說，在醫院裡，生產不被允許「不一樣」。不論產檢結果如何、風險是高是低，產婦一律接受制式化的醫療干預，不得討價還價。儘管個別媽媽與寶寶的生心理條件有差異，每個生產都必須符合醫學定義的標準產程，若有落後，醫療便行介入；不論對生產的期待為何，產婦必須配合醫院規定與運作，個人的習慣、情感與期望，必須置之度外。在讓每個生產都變得一樣的環境裡，疲憊、茫然、壓抑、忍耐，是我最常見到的表情。對於正在經歷的一切，產婦充滿疑惑，但已無力提問。

「我能接受生產變成那樣嗎？」預產期前夕，我這樣問自己，此時居家生產成了再清楚不過的決定。

註1　仰臥姿勢，臀部移到床緣，雙腿放在腿架上，讓會陰最大程度暴露。這個姿勢大多用於肛腸手術或婦科手術。

單是了解醫院生產的問題，並不足以讓我敢於居家生產，真正帶給我力量的，是研究期間接觸的另一種生產專業與觀點，也就是助產學。

「我無法想像自己生」：台灣缺乏的助產學觀點

助產學是歷史最悠久的生產專業，在歐美許多國家仍是主流的生產照護，如同去年生產的凱特王妃，英國皇室新成員多由助產士接生。由助產士照顧低風險產婦，產科醫師處理緊急、複雜的孕產狀況，是國際間視為理想的分工與照護方式，但在台灣，助產學罕為人知，也常被視為落伍。

不同於醫療觀點，助產學認為在大部分狀況下，生產能由母體與胎兒合作完成，接生者的任務就是小心觀察、等待、並適時輔助。這並非一廂情願的「自然最好」，相反的，助產學有其扎實的科學學理基礎。研究期間，我大量閱讀助產學文獻，也有幸結識台灣助產士，參與研習活動與接生，從中學習關於生產的每個環節，從不同產程中胎兒與母體的變化，到子宮、產道間不同肌肉層的相互協調合作。接觸助產學，我看到自然界為生產主體「內建」的巧妙機制，並常為之讚歎。

由於醫療主導生產，民眾難以接觸助產學知識，生產因而被視為危險、困難的過程。再者，醫院裡的時間壓力，讓產婦與胎兒鮮少能依著自身節奏完成生產，除了催生，產婦還常過早被要求用力，導致最後無力娩出胎兒，被迫接受真空吸引、推肚子等全武行對待。在這樣的生產情境裡，靠自身力量完成分娩，宛如奇談。某日，我遇見另一位也帶著幼兒的媽媽，聽見我居家生產，她很訝異，閒聊間，她細訴在醫院經歷種種醫療介入，最後生到沒力、寶寶被吸引出來的經驗。「我實在沒辦法想像怎麼自己生。」這是她最後下的結語，悲傷地總結了助產學缺席對台灣產婦的影響。

居家生產：跟著身體的節奏

相較於多數台灣產婦，我很幸運。因為研究生產的關係，我結識許多致力於生產改革的朋友，有助產士、醫師、紀錄片工作者，還有推動溫柔生產的媽媽，也是後來組成的生產改革聯盟。平日的戰友，成了自己最堅強的接生團隊。

我發現落紅後，心情興奮，但不緊張，這一天終於來到。根據之前做的功課，我知道積極產程還得等上一段時間，於是先發簡訊通知朋友，隨即到家附近剪頭髮、採買食物，準備了許多糕點招待參與接生的朋友。我用手機的ＡＰＰ記錄宮縮的長度與頻率，確定進入積極產程後，我發了第二封簡訊，而那已是隔天清晨。

朋友陸續報到，各自帶了小禮物，包括巧克力、蛋糕和漂亮的育兒背巾，很有派對的氣氛。我穿著寬鬆睡衣，坐在產球上和大家話家常，每當骨盆腔裡的痠痛襲來，我便閉上眼、深呼吸，等待該次宮縮結束，朋友見狀也不打斷，只是觀察我張開眼睛後的反應，確認沒事後再繼續剛剛的話題。接近傍晚時，我感到疲倦，進房小睡，以養足精神與力氣，面對即將到來的生產。

劇烈宮縮在晚餐後出現，朋友見我已無法談笑，教老公用雙手大力擠壓我的骨盆兩側，為我減輕疼痛。儘管如此，當時的疼動已非我能招架，我提出進浴缸的要求，那是我懷孕晚期每夜幫自己舒緩痠痛的地方。很快，我泡進了溫水，但陣陣來襲的產痛，使我忍不住大喊，浴缸旁圍繞著先生和朋友，有人握住我的手，其他人則忙著調整水溫、遞水和毛巾。面對遠超乎我預期的產痛，我數度驚慌，擔心自己無法完成這個過程，但聽著周圍朋友持續報告產程進展，還有當她們告訴我「看見頭髮了」，這真是為產婦打氣的最好方式。順應著身體的感覺，我繼續用力、變換姿勢，最後，終於聽見寶貝洪亮的哭聲。

回到房間後，朋友為我和寶寶做了簡單護理，將寶寶抱在胸前，我仔細端詳終於到來的小生命，並請先生取出冰箱裡的香檳，犒賞辛苦的大家，慶祝這美好的時刻。

這就是我的居家生產，一個美妙、難忘、充滿力量的生產經驗。它發生在我最熟悉、有親友環繞的環境裡，我沒有經歷催生、打點滴、剪會陰等不舒服的非必要干預，也沒有被迫綁著胎心音監控。我的身體自由、心情平靜，專注面對產痛，順著身體的節奏完成生產。這不是無知、大膽，我是在確認自己是低風險產婦後做出這個合理的選擇。

居家生產是一項選擇，但不是唯一終點

最後，要恢復產婦的主體性，居家生產不該是唯一終點。不同產婦對生產有不同需求和期待，生產環境應該多元，改變既有僵化的醫院生產體系、落實生產計畫書、成立專門提供孕產照護的生產中心等，都是值得推動的方向。

另外，我也必須強調，支持居家生產，並非「反醫」，生產畢竟有其不確定性，而醫療也確實拯救了許多寶寶與母親，主張生產不該有任何醫療介入，在許多時候的確是過度天真。但如何讓醫療的角色恰如其分，適時提供保護，卻不過度主導生產，是台灣社會需要思考的功課。

孩子將滿週歲，一路走來，體驗最多的就是孕育新生命的艱辛，媽媽該得到最大的尊重和支持，讓多元、友善的生產環境成為最好的起點。

我會不會「痛兩次」？需要直接選擇剖腹產嗎？

extension 01

在台灣，剖腹產被視為小手術，也是部分醫師甚至產家認為最有效率、最能掌控狀況的方式，於是，除了針對明確適應症（如前置胎盤、胎位不正等），許多時候，剖腹產也成為面對某些不確定性的因應之道，最常見的就是為了避免「痛兩次」而直接剖腹產。

所謂的痛兩次，指產婦先嘗試自然產，失敗後接受剖腹產，必須經歷產痛以及術後恢復的痛苦，也被稱為「吃全餐」，不少人視其為最悲慘的狀況。同時，許多醫師在發現產婦「骨盆小」或「胎頭大」時，會提醒產婦「比較難生」或「生不下來」的可能性，讓某些產婦儘管希望自然產，仍會猶豫自己是不是該直接剖腹產。

骨盆小或胎頭大就表示自然產失敗的機率高嗎？當產科醫學相信胎頭大或骨盆小，容易造成所謂「胎頭骨盆不對稱」，使寶寶無法順利通過產道娩出，許多文獻其實否定這種說法。第一，目前用來測量胎頭與骨盆的技術，僅能間接推估，無法直接精準測量，因此誤差頗大。第二，產程中，骨盆不斷張開，寶寶的頭也會為了適應產道而自行「模塑」，換言之，事前測量胎頭與骨盆，並無法用來預估自然產的機率。

最重要的是，隨著醫療進步，剖腹產的安全性雖提高許多，然而，在沒有明確必要性下施行，風險與副作用仍高於自然產。根據國外的調查統計，產婦在剖腹產中的死亡率為自然產的三倍，另外，相較於自然產產婦，剖腹產產婦在產後三十天內需要重新住院治療的機率高出二·三倍。這些狀況源自手術的麻醉風險，以及血栓、感染與沾黏等併發症。此外，剖腹產也會影響未來的懷孕生產，例如，剖腹產可能造成下次懷孕時胎盤的異常生產，包括前置胎盤與植入性胎盤，這兩者都會導致有致命風險的大出血。當產婦這胎接受剖腹產，她的下一次生產會更可能需要剖腹產，而上述風險會隨每次剖腹產而加劇。

對寶寶而言，剖腹產也有健康風險。自然產對新生兒是最好的，胎兒經過產道，可將肺中的羊水擠出，一出生就能自己呼吸，而剖腹產的胎兒少了產道擠壓，肺泡來不及成熟，反而容易引發新生兒呼吸窘迫，甚至造成持續性肺動脈高壓的併發症。根據統計，還沒進入產程就安排剖腹生產（排時間開刀生產的族群）的寶寶，肺部出現併發症的機率為十二·四%；進入產程後因故無法自然生產而接受剖腹者為五·六%；完全採取自然生產者的寶寶，肺部出現併發症的機率則為〇·六%。

最後，接受剖腹產，母親體力與傷口恢復較慢，寶寶也更容易因為健康狀況而需要離開母親接受照護，這些都對產後的哺乳造成困難，關係到寶寶能不能得到母乳滋養，對他們的健康有深遠影響。

綜觀以上，若妳希望自然產，卻因為醫師給的某些資訊而猶豫自己是不是需要自然產，建議妳多方諮詢，除了徵詢不同醫師或助產士與陪產員，推動友善生產的社團網站也是值得徵詢的管道。

生產計畫書

extension 02

生產計畫書的目的在於讓產婦重新成為生產的主體，是產婦參與生產規劃的重要方法。這在國外已行之有年，但當台灣助產協會和媽媽團體在前幾年提出這項做法，仍引發醫界強烈反對。

台灣婦產科醫學會反對生產計畫書，質疑該做法忽視醫療人員專業，增加母親與胎兒的危險性。這樣的質疑，若放在產科的定位和專業訓練，便很容易理解。如同國際間也認同的，產科處理生產中發生的複雜狀況或意外，立基於此種專業定位的訓練，讓醫師們容易看到生產的風險面，許多防禦做法便隨之出現。然而，大部分的生產並非高風險案例，再者，常規性的醫療介入，並沒有提升生產安全性的效果，這一點已得到許多實證研究支持。

換言之，若妳按時產檢，檢查結果正常，屬於低風險產婦，那麼許多醫療措施的必要性是可以討論。建議妳多方參考不同生產資訊，並充分掌握自己的懷孕狀況，為自己做出最好的決定。

STATION 2

做爸媽的第二站：養育孩子

孩子出生後，迎接父母的是更嚴峻的挑戰。「隨便養、隨便大」，這是三十年前父母輩的（不）教養哲學。生養小孩這件事情，聽起來是自然天性，不需要花費太多氣力，但現在父母的日常，卻是截然不同的圖像。我們花龐大的時間心力提問：怎麼做「最好」的父母？養育小孩「最好」的方式？關於養育孩子，真的有黃金標準嗎？這一站，我們將從媽媽與孩子的觀點，重新思考什麼是「最好」：如果媽媽是「最好」的照顧者，那爸爸呢？資本主義的消費文化又如何形塑「最好」？

許多婦女產後回到職場，是揹著吸乳器上班，趁著白天工作的空檔擠奶，夜裡再爬起來追奶。專家論述強調母乳的不可替代性，使得哺餵母乳成為照表操課的責任，而不只是母嬰之間親密的互動與協作。婦產科醫師陳鈺萍，遇過許多因哺乳而憂鬱的媽媽，她從媽媽與寶寶的主體經驗，呈現母乳哺育不應該是箝制的準則，而是育兒親密關係裡的力量。科學母職的影響深入日常的育兒活動，包括兒童手冊裡的生長曲線表、發展檢核表，以及許多父母心中的新隱憂：過動症篩檢。醫療的目的原是為了讓孩子健康成長，但過度的專業介入與監管卻可能製造無謂的不安。既是媽媽也是社會學家的梁莉芳和曾凡慈，從生物醫學之外的觀點，提供她們的觀察和解釋。近年來蓬勃的網路團購，充分反映資本主義的消費文化，更形塑我們的生活形態和養小孩的方式：從餐具、桌椅，到不可或缺的媽媽包，打造了「兒童專屬」的概念。文字工作者諶淑婷從自己豐富的團購經驗，反思資本主義與團購文化對育兒經驗的影響，不但看破許多婦嬰名牌用品不過是國王的新衣，更提醒了父母在育兒物質層面的背後，有更深刻的教養議題要思索。最後，我們要與「完美媽媽」和「完美爸爸」的標準直球對決，考察這些標準是受到哪些意識型態的影響。范代希、黃世澤與唐文慧的文章，讓我們發現性別及階級是如何滲入我們建構好爸爸跟好媽媽的過程，而唯有破除這些「標準」和「完美」的迷思，育兒才可能成為滋養和力量。

STATION 2-1

母乳最好？——談母乳哺育的演進與科學母職

四季和安婦幼診所婦產科醫師／好孕工作室負責人 **陳鈺萍**

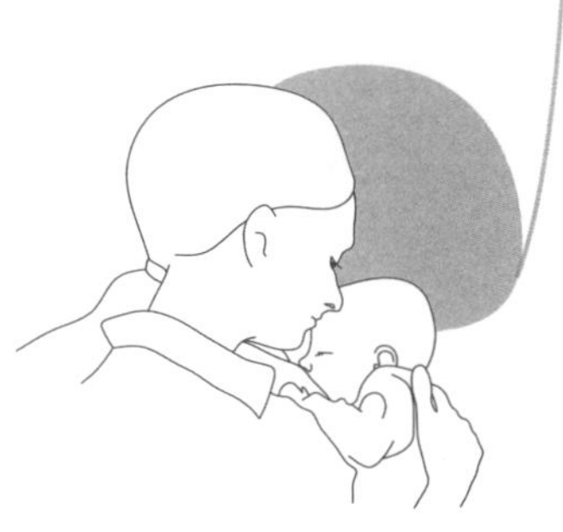

「陳醫師，我昨天發燒回原本生產的診所，醫師說乳腺炎發燒了，叫我先吃藥，三天不要餵奶。我覺得他不懂餵母奶，所以找到這裡，想請您幫我確認一下狀況。」夏日午後的哺乳諮詢門診，文惠因為乳腺炎從基隆跑到台北來求診，這是她的第二胎，目前三個月大。

「第一胎也是在這家診所生的嗎？那時候怎麼學會餵母奶的？」我從病歷資料看到第一胎母奶餵了十個月。「就一直上網找資料啊！遇到問題就一直打國民健康局的諮詢專線。」[1]

文惠無奈地回答。文惠從接生醫師診斷乳腺炎之後要她停餵母奶，知道醫師「不懂」母乳哺育，並沒有遵循他的醫囑停餵母奶，而是尋求其他的資源。這些年來，隨著哺乳率的上升，與母乳哺育相關的諮詢或服務成為新興行業。「餵母奶還要看醫生？」很多人覺得餵母奶是母親的本能，因此有不少媽媽是瞞著家人來看哺乳諮詢門診。

「母乳最好」是一九九〇年之後漸漸興起的觀念，在那之前，社會大眾普遍認為配方奶比較營養。我雖然身為醫療專業人員，但從二〇〇三年開始持續八年多的哺乳生活，無論在醫院、職場、日常生活，都常覺得孤獨。一方面是身邊持續哺乳的人並不多，另一方面是醫學知識中母乳哺育相關知識的貧乏。「妳說的怎麼跟別人都不一樣？」是我常要面對的質疑。

配方奶當道的年代

台灣上一輩的母親，對於哺乳大多感到陌生，原因是一九五〇年至八〇年間美援奶粉大

註1　國民健康局（現國民健康署）在剛開始推動母嬰親善措施時，設有一支免費哺乳諮詢電話，由一批受訓志工回答全台各地產婦哺乳的問題。這幾年各縣市衛生局與醫療院所諮詢網絡已建立完整，這支諮詢專線也功成身退，目前改為孕產婦關懷諮詢專線。

量輸入，造成哺乳率大幅下降。那個年代出生的嬰兒大多餵食配方奶。一直到二〇〇一年政府依據世界衛生組織與聯合國兒童基金會提出成功哺餵母乳十大措施標準，開始推動母嬰親善醫療院所認證，哺乳率才止跌回升。

一九九九年我進入醫學中心擔任婦產科住院醫師時，產後開退奶藥給產婦還是醫囑單上的常規。大部分的產婦休完產假之後都回到職場，索性就直接退奶，即便有少數產婦選擇繼續哺乳，但產後那幾天也幾乎都與寶寶分離，所以在產後病房幾乎不需要處理與母乳有關的問題。

二〇〇一年，我當住院醫師的第三年，值班任務是婦產科急診。要處理的狀況包括子宮外孕、產後大出血、婦癌化療患者併發症等，還有因為脹奶半夜發燒的產婦。但是關於脹奶的處理，教科書、臨床指引都找不到。問資深的主治醫師，得到的答案是「發燒就開退燒藥，會痛就開止痛藥啊，會脹應該是寶寶不會吸，那就請先生幫忙吸吧！」「咦？先生幫忙吸？這樣可以解決嗎？」

哺餵母奶的產婦，通常在產後第五天至第七天才開始脹奶。這是女性哺乳身體的巧妙機轉，先衝高奶量，讓寶寶不會餓著，再依媽媽與寶寶互動調節，下修為泌乳平衡的狀態。但是在這個以配方奶為主的環境中，脹奶的媽媽很難得到適切的協助，很容易因為太痛或是處理不好導致乳腺炎，從此放棄母乳哺育。因為乳腺炎與乳腺阻塞太常見，又缺乏有效的處理方法，只能開退燒止痛藥，因此實在沒有必要掛急診。有時檢傷的護理人員甚至會幫忙勸退。

二〇〇二年，住院醫師第四年，我懷了第一胎。那也是醫院加入母嬰親善醫院認證的第二年。由於政策先行的緣故，醫院並不積極推行母嬰親善，大部分醫護人員的思維仍是使用配方奶以及母嬰分開照顧。至於負責上課訓練的產科或新生兒科醫師，上完課常開玩笑說：「反正不管怎麼問，都說要餵母奶就是了！」這對於產後婦女母乳哺育實作的幫助其實不大，也是過渡期的無奈，但醫護人員的觀念已開始改變。國民健康局後來才訓練母乳哺育種子講師，講師人數足夠之後，規定認證的教育時數必須由種子講師授課。

除了官方政策的推動，二〇〇三年六月成立的第一個本土推廣母乳社團「台灣母乳協會」也是功不可沒。二〇〇四年，台灣產後第一個月總母乳哺育率（含母乳與配方奶混和餵食）為五十四・二%，到了二〇一一年，則攀升到八十七・五%（衛生福利部資料）。

母乳回歸的背景

配方奶來自西方，回歸母乳的風潮也來自西方。最初是在一九三九年，希詩禮・威廉（Cicely Williams）醫師在新加坡一場會議以「奶與謀殺」（Milk and Murder）為題，提醒西方世界對第三世界國家嬰兒食品的傾銷如何降低了母乳哺育率，卻提高了嬰兒的罹病率與死亡率，要大家正視此一問題。接著，一股提倡母乳哺育的社會運動開始起身抗衡資本主義嬰兒食品工業，但要到一九八一年世界衛生組織大會提出了「母乳代用品銷售守則」（Code for the Marketing of Breast milk Substitutes，簡稱ＣＯＤＥ），市場才受到規範。當時與會的各國代表以一百一十八票贊成，三票棄權，一票反對，通過這項守則。反對這一票是美國，雷根政府以尊重自由市場為由，投下反對票。[2]

守則約束配方奶廠商不可送免費產品給產婦或醫事人員，大家都知道天下沒有白吃的午餐，卻也都有不拿白不拿的心態。除了在醫院產房或婦產科門診頻繁走動的銷售員，幾乎所有醫療院所的產前媽媽教室都是由奶粉廠商主辦。廠商為何如此賣力？對於一出生就喝的配方奶，寶寶只要適應了，就會一直喝下去。直到母嬰親善醫院認證項目中明文規定「禁止母乳代用品之促銷活動，包括不得以贊助、試用或免費等方式，取得奶瓶及安撫奶嘴」，奶商才漸漸退出醫療院所。

然而台灣政府對市面上配方奶的行銷規範比較慢，母嬰親善醫院認證是二〇〇一年開始推行，而衛生署到二〇〇六年九月才彙整行銷規範，從此配方奶廣告才從電視媒體中消失，社會大眾「配方奶比母奶營養」的思維也才開始改變。跟世界衛生組織相比，台灣落後了廿六年。

母嬰親善與科學母職

這十多年的努力累積下來，通過母嬰親善醫療院所認證的醫院，在母乳哺育方面終於較能提供產婦適切的協助，但也開始出現另一種聲音：「親子同室對產後的家庭是一種壓迫，父母無法得到休息，餵奶比生小孩還痛苦！」

母嬰親善醫療院所認證實施以來，親子同室率一直是醫療院所最無法落實的一項。這當中文化、專業知識、政策的交互作用，都影響著嬰兒室的設置、功能與照顧方式。目前九十九%以上的母親都是選擇到醫院生產，這幾年也才開始有醫療院所把嬰兒室縮小，推行親子同室。但是月子中心仍保留嬰兒室的設置。在月子中心坐月子的媽媽，相當依賴嬰兒室對寶寶的照顧，也常有媽媽說醫院「規定」要廿四小時親子同室很累人，只想趕快「逃離」醫院，到月子中心把寶寶交給護理人員照顧。

二〇一三年，幾位女性立委在母親節前夕召開記者會，質疑政府的母嬰親善醫療院所認證制度。這些立委說她們接到太多媽媽選民投訴「母嬰親善對媽媽不親善」，立委林淑芬也

註2 Riska, E. (2010). Gender and Medicalization and Biomedicalization Theories. *Biomedicalization: Technosciene, Health, and Illness in the U.S.*, pp. 145-170. Durham & London: Duke University Press.

以自身的經驗說：「自己第二胎是在母嬰親善醫院剖腹生產，當初選擇了廿四小時母嬰同室，原本應該住在醫院五天，但因母嬰同房讓她產後虛弱的身體完全無法休息，第四天就打包出院。」[3] 對這些「逃出醫院」的媽媽來說，月子中心成了她們的避風港。

過去，寶寶一生下便留在媽媽身邊，餓了就直接吸吮乳頭，累了就睡。那麼，人類從母嬰一體的照顧關係轉變到母嬰分離的照顧關係，中間究竟發生了什麼事？西方從十九世紀開始發展到二十世紀的「科學母職」，將孩子抱離媽媽（或奶媽）的乳房，以裝著配方奶的奶瓶取代了乳房。在這樣的轉變過程中，母親的角色從「養育的女王」變成「科學的僕人」。她原本能自主決定育兒過程，可以經由自己的本能、女性的育兒經驗，以及與嬰兒的互動，習得嬰兒的需求。現在，她卻亦步亦趨地跟隨科學指引，用表格和曲線圖來決定嬰兒的食量、餵食方式、睡眠時間、睡眠方式，並依此判定生長狀況。育兒的發言權，從母親轉移到科學與醫學專家。[4]

讓母親「逃離母嬰親善」的，或許根源於科學母職。當外來權威以無差別的準則來指導個別差異極大的母親和嬰兒，不但對母親造成壓力，對嬰兒也造成壓力。就曾有分開照顧的母嬰，嬰兒被母親以外的照顧者過度餵奶（以達到「標準奶量」）造成腸胃問題而住院，母親產後又與孩子分離，爆發憂鬱症。

母乳哺育的真正意義

這些年來，哺餵母乳逐漸成為大部分母親產後哺餵寶寶的第一選擇，但我也觀察到「擠乳器」「集乳袋」逐漸成了孕婦準備生產用品清單上的必備工具。在母乳哺育率還很低、以配方奶為嬰幼兒餵食典範的年代，寶寶用奶瓶喝奶是很常見的生活現象。但在母乳哺育率已大幅回升、「公共場所母乳哺育條例」也已通過的現在，媽媽親自哺餵寶寶的畫面，並沒有等比率在生活中增加。近年來反而常見母親或照顧者用奶瓶裝母奶餵寶寶，媽媽之間還流傳著某個牌子的「母乳實感」奶嘴深受母奶寶寶喜愛。

當母乳不再是讓寶寶從媽媽的乳房直接吸吮，而是「擠出的人奶」裝在奶瓶裡，媽媽成了自己孩子的奶媽。[5] 擠乳器隨著母乳哺育率的提升，越來越常見，改變了母乳哺育的進行

註3 史倩玲（二〇一三），〈強迫母嬰親善 媽媽沒得選擇〉《立報》。五月十二日。Retrieved from http://www.lihpao.com/?action-viewnews-itemid-129341（檢索日期：二〇一四年十一月二十日）

註4 Apple, Rima (1995). Constructing Mothers: Scientific Motherhood in the Nineteenth and Twentieth Centuries.*social History of Medicine* 8(2) pp.161-178.

註5 Lepore,Jill (2009), "Baby Food", *The New Yorker*. 一文的結尾語："More like a baby? Holy cow. We are become our own wet nurses." 文章最後一段討論，擠乳器的廣告不斷強調非常接近寶寶直接吸吮的模式。

與親子關係。當代母乳哺育率雖然提升了，卻與一九五〇年以前台灣母乳哺育率超過九十%的時期有著不一樣的樣貌。這產生了當代新科技與生物醫學知識介入要面對的新問題。

當代媽媽養育小孩，深度依賴科學與醫學專家的建議，但科學與醫學專家卻從推崇配方奶轉而再度頌揚母乳。分子醫學的發展，讓大家更了解母奶成分，而重新認識母奶的好處，知道母奶有許多配方奶無法複製的成分。但大家似乎把焦點放在母奶的「成分」，而非「母乳哺育」這項母嬰共同達成的動作。「小孩喝的是母奶」似乎也比「小孩從媽媽乳房喝到母奶」來得重要。母乳哺育原本該由寶寶來主導與母親互動，嬰兒卻變得「不可見」，而被化約為幾個小時喝一次、母奶量幾毫升、寶寶體重增加多少克等數據。於是當大家重新體認母乳哺育的重要性時，並沒讓孩子回到媽媽的乳房上。

二十世紀生物醫療化的發展，也帶動了「生物監測」的概念。人們變得要從一堆生化數據中得知自己「好好的活著」。在這樣的過程之中，「身體」消失不見了，取而代之的是由一堆生化數據來再現身體狀況。而在父權社會中，由生物監測數據建構的女性身體，充滿文化、道德面的性別偏見，讓女性的身體消失得更徹底。[6]「母乳哺育也一樣，在這樣的過程中，消失的不只是媽媽的身體，還有寶寶的身體。寶寶成為被動接受乳汁的客體，是被科學決定的對象，而不是可以主動求索的、自我決定的主體。

當哺乳連結到母職是否成功

隨著科學母職的發展，女性身體與嬰兒餵食被分開來看待，嬰兒餵食成為應該在醫學專家監視下進行的「社會活動」，也是母職成功與否的展現。母乳哺育原本是母親與嬰兒在生理上建立起來的關係，卻被再現為社會中對理想母親的定義，而對母親也對嬰兒造成壓力。在母乳重新受到重視的今日，或許回到原點思考哺乳這件事情對母親和寶寶最原初的意義，讓母親和寶寶重新作為主體，能從彼此的互動中自主決定想給什麼、想要什麼，才能真正讓媽媽和寶寶從哺乳這件事情中獲得自由和尊嚴，並發展出更深度的連結。

註6　Casper, Monica J., L. J. M. (2009). *Missing Bodies: The politics of visibility*. New York and London: New York University.

STATION 2-2

我的百分之三男孩——當代兒童生長治理與母職焦慮

陽明大學衛生福利研究所助理教授 **梁莉芳**

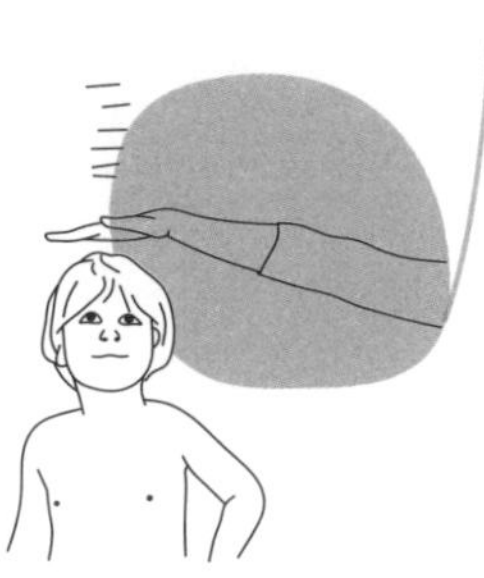

在這個新生兒體重從三千起跳的時代，我的孩子出生時才兩千八百五十公克，身高不滿五十公分，算是嬌小迷你型。他的身體成長，一直按照自己穩定的速度，從未有急起直追或是後來居上的趨勢。他現在四歲，卻往往被誤認為兩歲，還會招來不少溢美的稱讚：「哇！他好會講話啊！」殊不知這是對孩子實際年齡錯誤判斷的結果。知道實情的好心路人則會關切是不是父母失職（特別是媽媽），有一頓沒一頓的，沒給孩子吃飽，或是急切的想要跟我們分享各種食補祕方，指導我們「正確」的養小孩方式。

我雖然能理解對方的好意，但也對孩子從小就得被動接受大人的注視（也是監視）感到無奈。兒子曾經不解地問我：「媽媽，為什麼我長得比較慢？」周圍大人與我們的互動對話，讓他發現快慢不僅只是描述，更帶有優劣的價值判斷。

對於孩子的「慢慢長」，我們家是爸爸特別焦慮。記得兒子一歲之前，爸爸將《兒童健康手冊》奉為圭臬，經常捧著手冊內的成長量表，來回比對兒子的身高、體重坐落在百分比曲線的哪裡。「啊！又是百分之三！」不管爸爸怎麼心急如焚，兒子始終維持在百分之三，我寫文章的現在，他更被擠出曲線之外。這代表，在一百個小孩裡，他是最瘦最小的那個，甚至排不進一百名內。

我不擔心嗎？說實話，如果擔心可以量化，我的憂慮指數或許沒有爸爸那麼高，但在兒子還小的時候，他的「慢慢長」也不時困擾我。每次例行的兒童健康檢查，我都得先沙盤推演，做好心理建設，免得遭受過大的言語打擊。記得有一回兒子量完身高，護理師看著數字驚呼：「啊！可能是量錯了，再量一次好了。」我們也常必須回應醫師的好意提醒：「嗯，孩子好像有點小，他喝奶的情況如何？副食品吃得好不好？」看著醫師拿著成長量表，在曲線上點出孩子的位置，百分比成為我們溝通孩子生長情況的重要語彙，也成為我們判斷孩子發展的重要指標。對於我們這些「後段班」（甚至是「放牛班」）的父母，百分比也是我們焦慮的來源。

可是，事實是，我的孩子明明食量不小，雖然他跟許多小小孩一樣，有著不愛吃綠色蔬菜的偏食習慣。他身手敏捷，最喜歡爬樹，總是先在樹枝上晃啊晃地擺盪雙腳，再一蹬跳下來。可是，大家最先關切的，還是他的小個子；最常問的，還是抽象又去脈絡的數字。數字，到底能說明什麼？

標準化的兒童成長：監管與風險規避

臨床醫療與公共衛生專業認為身高和體重是衡量兒童健康的兩項重要指標，藉由大規模的科學研究制定的成長曲線圖，原本是用來判斷兒童是否營養不良，以提供醫療專業採取進一步介入行動的參考。台灣的新生兒死亡率遠較發展中國家低，兒童營養不良的情況亦不普遍，成長曲線提供的百分比數字便被挪作新用途，搖身變成新手父母間見面打招呼的問候語。「我們家的，一直都維持在前百分之九十七。」這句話不單單只是客觀描述，更成為彰顯父母的榮耀：贏在起跑點（成長曲線）上的孩子，是父母悉心照顧的證明。受到傳統性別分工觀念的影響，主流社會將母親視為孩子理所當然的最佳照顧者，我們責無旁貸。孩子「出人頭地」時，我們和父親共享榮耀；孩子表現不盡人意時，卻得獨自背負失職的罪惡感。

標準化的兒童成長曲線，象徵醫療概念與實作逐步介入生命的自然歷程。孩子的成長原本便有快有慢，有自己的步調，沒有太多比較、競賽的意味，也沒有優劣的價值承載。但當成長這件事量化之後，數字成為我們溝通、交換孩子狀況最直接的語彙，也遮掩了孩子其他面向的真實發展。一目了然的量化數字，更讓孩子的發展容易被階序化，形成高低的排名，儘管醫療專業不時強調成長曲線正確的判讀意義，但當孩子落在曲線末段時，父母還是會陷入發展緩慢的迷思，甚至檢討起自己的育兒實作是不是少做了什麼？或是做錯了什麼？我們鎮日如履薄冰，深怕一個轉身的疏失，造成孩子無法彌補的遺憾。我們認為，勝任的母親應該同時是稱職的風險管理者，藉由理性的選擇和決定，為孩子避免可能發生的風險。

現代社會中，風險是重要的概念，日常生活充斥各種不確定性與危險的因子，我們被要求要培養與具備理解、計算和管理風險的能力。當孩子尚未獨立、無法為自己負責時，她／他的風險規避，就是母親的責任。

育兒是一系列繁瑣活動組成的過程，要不要餵母乳？吃副食品的時間點、副食品的種類和如何避免過敏食物等等，每個環節的不確定性都有賴媽媽仔細的比較研究，為孩子做「最好」的決定。在專家論述百家齊鳴、科技快速發展的現代社會，育兒變得更加容易，也更加困難。網路的無遠弗屆讓我們在育兒卡關時能跨越時間與空間的距離，即時找到通關需要的密語。但同時，我們又被過多的資訊淹沒，在不同的選項之間猶豫、反覆、焦慮。我們在育兒過程中的謹慎選擇，不僅表現自己對於母職與小孩的獻身，也區隔了好媽媽與壞媽媽的分野：好媽媽能藉由「正確」的選擇，替孩子規避風險；不負責任的壞媽媽則任由孩子的生活充滿失序跟危險。孩子在成長曲線的落後，除了亮起發展的紅燈外，也暗示著母親的怠忽職守。

我們焦慮孩子輸在起跑點上，我們也焦慮著未能向世界遞出「好媽媽」的證明。

男孩限定的「百分之三俱樂部」：性別化的育兒實作

有一段時間，我常在網路的媽媽論壇潛水，尋找和我一樣焦慮的母親。然後，我發現了「百分之三俱樂部」。很有趣的，該俱樂部的成員，有著極為不平衡的性別結構：男孩限定。我們擔心男孩過於瘦小，卻煩惱女孩成長的步伐邁得太快。有個同為媽媽的朋友就和我分享，她的「百分百女孩」最常得到的關切是：「女孩子長這麼大，好嗎？」男孩媽媽與女孩媽媽的不同經驗，如實反映社會的刻板印象，以及性別期待的差異。

爸爸的焦慮，有一大部分來自他成長經驗中身高帶來的不愉快和困擾。我們毫無質疑地鼓勵男孩積極、掠奪、勇於競爭，培養男子氣概，身高更理所當然地成為男子氣概展演的場域。瘦小的男孩被當作偏離常規的異類，他們的陰柔氣質需要被規訓和矯正。在異性戀霸權支配的世界裡，高個子的男孩／男人享有絕對的優勢，不僅在同儕友伴中被奉為英雄、領導者，在愛情市場裡更占盡便宜、無往不利。爸爸經常語重心長地感嘆：「如果兒子是女兒，我就不會那麼擔心了。」也許，讓我們掛心的，不完全是孩子身體的瘦小，而是我們知道，瘦小不僅是他和別人的差異，更會成為他成長過程中的劣勢，相較於同儕，可能會遭遇更多的障礙和挫折。作為父母，我們想要替孩子趨吉避凶，但卻未曾想過，是不是可以和孩子一起改變世界？翻轉既定的規則？

每個孩子都不一樣：挑戰標準化的兒童成長

「媽媽，為什麼我長得比較慢？」孩子天真的提問曾經讓我難過好久。那些關切的路人甲乙丙卻永遠不會知道他們的善意所造成的困擾。我常跟兒子說：「每個人都不一樣，世界才有趣！」差異的存在，原本沒有指涉高低優劣的價值判斷，是我們這些利用差異創造區隔的大人，製造了不同群體之間的階層關係和對立，包括高個子的優越感和矮個子莫名的自卑。

作為媽媽，我相信成長是孩子成為他自己的過程，我扮演的是從旁協助的角色，而不是心急地將孩子塞進社會期待、既定的框架。作為媽媽，我知道背離社會標準從來就不是容易的事情，但我可以做的是協助孩子成為自己，而不是馴服他。作為媽媽，我在鼓勵孩子勇敢的同時，更需要和他一起挑戰單一的標準和價值。下一次，除了禮貌性的感謝路人的關心之外，我會記得面帶微笑地反問，每個孩子都不一樣，比較高矮快慢到底有什麼意義啊？

當孩子被懷疑有過動症——談過動症診斷及其社會文化因素

輔仁大學社會系助理教授　**曾凡慈**

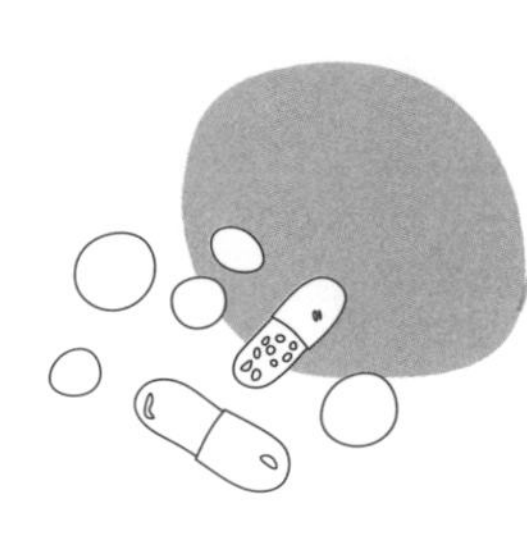

隨著周遭親友的孩子漸漸長大，開始進入幼教或小學系統，你或許會聽到：某某孩子班上有一兩位同學有過動症，正在吃藥或者不願意吃藥；或是老師懷疑某個孩子有過動，建議家長帶孩子去看醫生。出於好奇，你上網去搜尋「過動症」，仔細研究過動症的症狀（請見章末附表），然後開始擔心：我的孩子會不會也是？或者你心裡嘀咕：根據這樣的標準，真的有辦法區辨出活潑好動跟過動嗎？

關於「過動症」的競爭觀點

過動症全名是注意力不足過動症（Attention Deficit Hyperactivity Disorder，簡稱ＡＤＨＤ），分為三種次類型：注意力不足型、過動／衝動型，以及混合型。生物精神醫學的觀點把ＡＤＨＤ認定為腦部神經發展異常所致，也是最普遍的兒童期精神疾病。台灣的兒童精神科醫師推估本地盛行率大概在七．五％，以一班三十個學童計算，平均就有兩到三個孩子有過動症的可能。精神醫學也主張早期發現、早期治療，認為ＡＤＨＤ如果不盡快就醫，不僅影響當下的整體功能狀況，將來可能會衍生出其他精神疾病，影響成人期的身心健康與生活品質。[1]

然而，從本章末附表所列的症狀來看，很難否認這樣的診斷準則中，對於功能的品質的定義與評估，其實與社會需求和期待密切相關。過去就有研究指出，ＡＤＨＤ的界定，會讓那些呈現出過動或不專注，而無法滿足高度競爭的社會與學術要求的孩子（特別是男孩）更可能被診斷。[2]換句話說，哪些行為或何種表現會被當成是符合診斷的「症狀」，並不完全

註1　台灣兒童青少年精神醫學會，二〇一三，《為什麼學生不專心？：注意力不足過動症教師手冊》。台北：台灣兒童青少年精神醫學會。

註2　Kindlon D. and M. Thompson. 1999. *Raising Cain: Protecting the Emotional Lives of Boys*. New York: Ballantine Books.

是由生理直接決定，而是有社會與文化因素。過動症會變成一個盛行的診斷，顯示的是當代成人世界希望孩子能在課堂上坐足四十分鐘不要亂動、在大人講完話之前不要插嘴、在時限內完成作業或考試並且不要粗心犯錯，也不輕易逃避需要持續花腦力的事情。但這樣的標準（即使大部分孩子經過訓練後能夠做到）其實是非常現代化社會的產物，本來就不可能適合所有天生氣質有異、或是成長於不同文化規範下的孩子。台灣曾經有個研究發現：花蓮縣原住民兒童的過動症比例高達十三％。[3]在我看來，問題核心並不在於特定族群腦部有異的生物事實，而是曝露出現代教育體制無法真正包容多元差異，以及精神醫學診斷標準的文化特定性。

ＡＤＨＤ是如何診斷的？

如果ＡＤＨＤ的診斷準則跟社會對孩子應具有什麼「功能」的標準息息相關，精神科醫師難道真的就是照章行事，對可能招致的批評毫無所悉？當然不是。我認為，許多診斷之所以會引發爭議，反映的其實是精神醫學的特殊性。在ＡＤＨＤ的案例當中，雖然主流精神醫學認為ＡＤＨＤ是神經發展異常，但就像許多其他的精神疾病一樣（例如思覺失調症，也就是過去俗稱的精神分裂症），現行的臨床診斷仍然沒有可靠的實驗室檢測來作為依據（例如抽血、腦波檢查）。在這樣的情況下，醫師只能借助孩子的外顯行為和功能狀況來評估，並且輔以家長與老師提供的相關訊息。如果孩子確實為ＡＤＨＤ，症狀的顯現應該會有「跨情境的一致性」，這也是問卷通常都要兩種情境以上的成人填寫的原因。然而，這樣的評估當然不可能完全客觀，換個老師或換個照顧者來觀察，對孩子的判定或許就會不一樣。特別是，許多精神科醫師也承認ＡＤＨＤ所包含的症狀其實每個孩子身上都有，差別只在程度的多寡。嚴重的個案連路人都看得出來，但對於那些有部分症狀卻未必達到ＡＤＨＤ門檻的孩子，診斷時就免不了可能會有灰色地帶。

在這種情況下，診斷幾乎很難完全避免批評。正如前文所說，由於現行精神醫學對於ＡＤＨＤ診斷依然缺乏準確的生物標記，基於實證主義的精神，我們只能說：根據家長跟老師填答的問卷及提供日常生活與學習的資訊，以及醫師對症狀和功能的評估，都無法真正量測孩子的大腦發展狀態，而只能從孩子周遭的重要成人（當然有時也包括孩子本身）所感受到的困擾程度來推論。而這樣的困擾，當然可能源自孩子的腦部功能需要醫療介入，但對於特別是臨界程度的孩子而言，也許是成人對孩子的期待需要調整，或是有必要在教養技巧與

註3　楊國明，二〇一〇，花蓮縣山地鄉原住民兒童過動注意力缺損症盛行率及相關危險因子之臨床調查研究。慈濟大學醫學研究所博士論文。

物理環境上做出改變，以協助孩子發展專注度與管理自己的行為。

精神醫學的能與不能

那麼，目前有越來越多孩子被診斷為過動症，是精神科醫師為了賺錢的陰謀嗎？當然也不是。對精神科醫師來說，只要孩子被帶進診間，通常表示周邊至少部分成人跟孩子的互動關係已經出現問題，否則不會希望醫療專業介入處理。而絕大部分的醫師都期待醫療是一門「助人」的專業，因此當人們帶著問題前來，無論問題是出在孩子本身或是周遭環境（雖然絕大多數是交相影響），身為醫師，通常都想要盡可能協助，以減輕孩子或其他人遭遇到的困擾、挫折與壓力。

然而，醫師的基本職責就是透過客觀的資訊和評估確實診斷「疾病」，然後施以治療。精神科醫師所受的專業訓練，更是不斷在人類複雜的心理、情緒與行為狀態中辨識出「症狀」，看它們能否符合某種既定的疾病判準，再以精神醫療的工具來處理。易言之，診斷疾病並且加以治療，是醫師的專業能力與職責所在。因此，比起告訴求診者「沒病請回」（似乎也暗示著無能為力），只要醫師認為特定診斷能「幫得上忙」——不管是藉由親職教育、心理或行為治療、藥物，或是開出診斷證明以利家長為孩子爭取教育上的調整——就可能更傾向於下診斷，以正當化後續提供的處置。

另一方面，即便大多數精神科醫師都希望能提供兼顧生理、心理與社會面向的完整治療，但個別醫院的資源有異，現實的臨床處境很難充分落實這樣的理念。目前精神疾病的主流理論主張症狀的表現是「生理病況」與「環境因子」交互作用的結果。理論上，只要至少能打破其中一個環節，就能鬆開「孩子症狀影響自我意像和成人態度，然後又回過頭來影響孩子症狀表現」的惡性循環。可是，每個精神科醫師對於治療方式的偏好與擅長程度，以及所處機構容許的施作空間都不盡相同（例如有些醫院就沒有人力可進行心理或家庭治療），又必須考慮老師、家長能協力的程度（例如困於生計的家長沒有多餘心力來上親職課程或執行細密的行為調整，或是老師資源有限，不見得能配合孩子個別差異來調整教學要求）。於是，在環境難以改變或緩不濟急的狀況下，利用藥物改善症狀來緩解惡性循環，以期待撐開空間容納其他更長期性的介入，或是外在環境改變的可能，就變成最快速且最能確保某種成效的選擇。

在這種情況下，與其懷疑目前ＡＤＨＤ診斷與藥物治療率節節上升是精神科醫師與藥廠的陰謀，不如說是整個社會（包含學校、家庭甚至醫療）還沒有夠好的方法來回應孩子的困難和問題行為（從而也變成學校教育與家庭互動的問題），而醫療系統就其專業提出醫療化的策略和協助，確實改善部分的困境，但也可能讓我們忽略整個體制的問題。當然大多數的醫師也都知道，這絕不代表「問題」就能夠得到「解決」。就算孩子因為嚴重生理限制而無法發揮學習潛能，藥物也不可能直接提升孩子的學業成就。正如某位過動症家長組織者所言：「你說孩子因為專注力不足所以數學不好，那吃藥以後數學就會自動進到你的腦袋裡嗎？才不會！還是要去學、要去教！」一位兒童青少年精神科醫師也認為：用藥的目的只是「創造條件」，讓家長、老師和孩子都更有機會去發揮應有的功能。當然必須強調的是：如果「環境」本身就是不利的（例如不合理的教育體制或是高壓力的家庭狀態），只處理孩子的症狀本身，等於是把整個系統的問題轉嫁在孩子身上，而孩子卻是最沒有權力去定義什麼才是真正「問題」的人。

創造一個更尊重差異的環境

回到本文標題，當孩子被懷疑有過動症，家長在尋求專業的醫療建議之餘，也需明白：孩子的過動程度總是與環境有關，因此需要的不會僅只是醫療介入。家長可以嘗試調整跟孩子的互動策略、改變家庭的空間配置與孩子的日常安排、跟老師溝通對於課堂與作業的要求，甚至參與相關家長組織或教育改革行動，為各種有特殊需求的孩子爭取教學調整措施，或是發展去除污名與友善校園的方案。畢竟，當孩子生活周遭的成人，對孩子愈有彈性的標準與期待，也愈有資源可以協助，我們就愈能包容那些真正需要醫療介入的ＡＤＨＤ孩子，同時也越不會急於把那些只是好動的孩子視為病態，課責醫療去加以矯治。

與此同時，我們也必須不斷追問關於童年本質的問題：兒童時期的特定行為，即便令人困擾，並且也可能真的有損孩子的學業表現或社交關係，到底該不該當成需要治療的疾病？尤其是在這個生物精神醫學當道的時代，大量研究無不投注在認知與神經生物學領域去尋求對ＡＤＨＤ的病因解釋，也許在可預見的未來，科學家真能找到生物標記來做為ＡＤＨＤ臨床診斷的依據。然而，正如專事神經科學研究的社會學者辛格（Ilina Singh）與韋斯理（Simon Wessely）所言，「正確的」（correct）診斷並不等於就是「正當的」（right）事情。[4]畢竟，什麼是童年時期該有的行為表現，永遠是科學的、社會的，同時也是道德的議題。

附註：本文寫作過程受惠於陳牧宏與張廷碩兩位精神科醫師非常仔細地與我討論（即便兩位未必完全同意我的所有論點），特此致謝。

註4　Singh, I. and S. Wessley. 2015. Childhood: A suitable case for treatment? *Lancet Psychiatry* 2(7): 661-666.

《精神疾患診斷與統計手冊》（DSM—5）所提的診斷標準（APA，二〇一三）

需有「持續注意力不足」及／或「過動及衝動」表現，有（I）及／（II）的特徵

（I）持續注意力不足

經常無法仔細注意細節、常粗心犯錯

難以維持持續注意力

直接對話時，常好像沒在聽

經常無法遵循指示而無法完成作業或責任

經常在組織工作與活動上有困難

經常逃避，討厭或不願從事需持久心力的工作

經常遺失工作或活動所需的東西

經常容易受外在刺激而分心

在日常生活中常忘東忘西

（II）過動及衝動

經常手腳不停地動、踢、踏，或在座位上蠕動

經常在該維持安坐時離席

經常在不宜跑或爬的場所跑或爬

經常無法安靜地玩或從事休閒活動
經常處在活躍狀態，好像被馬達驅使般
經常太多話
經常在問題尚未講完時衝口說出答案
經常難以等待排序
經常打斷或侵擾他人進行的活動

症狀表現必須至少持續六個月以上，至少六項症狀，到達不符合發展階段且對社會及學術／職業活動造成直接負面影響之程度。
症狀表現從十二歲以前就開始出現。
以上症狀出現在兩種情境（例如：在家／學校、上班／或與朋友親戚在一起時）以上。
症狀明顯干擾或降低社交、學業或職業功能的品質。
以上症狀不是其他精神疾病所致。

資料來源：陳錦宏主編，二〇一六，ADHD注意力不足過動症家長手冊。台北：台灣兒童青少年精神醫學會出版。頁六至七。

親子部落客團購如何改變你當媽的方式？

——看資本主義在育兒圈的消費文化

半媽半X的文字工作者 諶淑婷

「親子部落客開團購的『3牌』產品真的超難用，大置物箱好軟，不小心壓到就變形，手提包設計是放在家裡的，而且很容易髒！」看著臉書動態回顧，我憤懣不平地在一年前自己發表的文章下方送出這則留言。

不到一分鐘，我的「媽媽之友」聯盟戰友紛紛回應。

「天啊！我們當時腦波都好弱。」

「這家材質一點都不硬挺，只有推車置物袋還算好用。」

「妳忘了寫，還有吸引貓咪上去尿尿的特性，而且肥貓還會把置物箱壓垮，養貓人家慎思。」

「每次都覺得好可愛，幸好一直忍住沒買，終於看到真心話了！」唯一沒被部落客蠱惑的朋友發出最後一擊。

是當媽媽後太傻，信任部落客強調童叟無欺的文字、著迷於那穿著某品牌服飾笑得燦爛可愛的孩子（以及乾淨整潔又明亮的居家環境背景），想著，都當媽了，不可能騙人吧。移動滑鼠，點下按鍵，送出訂單，上網轉帳。等了幾個月，在即將遺忘有花這筆錢的時候，終於貨到了，然後發現自己買了超難用又昂貴的東西，心裡忍不住怒火翻騰：下次部落客如果出新書辦簽名會，一定要帶去送給她，這才想到，這位部落客已經很久不寫書了，她只寫廣告文。

翻出昔日那篇廣告文，原來部落客不知道何時悄悄修改了內文，在文末加了一段「誠實豆沙包」，原來她在「認真使用一年」後，終於雞蛋裡挑骨頭發現一些缺點，例如一壓就變形、沒有上蓋容易有灰塵、價格昂貴，但又強調「瑕不掩瑜、無傷大雅……」。才怪！兩三歲幼兒的物品怎麼能不水洗，孩子出門是用滾，有水坑一定要跳進去，有泥巴一定要抹上身上的。但氣到捶胸又如何？部落客寫廣告文時早就寫得清清楚楚：「一個裝尿布、一個裝口水兜和紗布手帕、一個裝寶包的日常醫藥保養小物、一個讓他裝心愛的小玩具……」案情揭曉，部落客是把一個七八百元的小手提包當成有收納功能的裝飾品來著，只有我蠢到會真的用來儲物、真的把手提包帶出門。

疑點重重的部落客團購

我必須承認，打從懷孕開始，我就追蹤了好幾名當紅的親子部落客，將她們推薦的嬰幼兒用品記錄到電腦記事本上，然後在育兒的這三年一一刪去。消耗型的用品實在很難走品牌路線，一條英國品牌咬咬兜要價五百五十元，這筆錢可以讓我去永樂市場自己挑選紗布巾，裁剪成十多條柔軟、好洗曬的雙層紗布口水巾，而且除了擦口水，還可以拿來幫寶寶洗澡、刷舌苔牙床，當帶出門擦汗擦臉的小方巾。

朋友相贈一雙法國C牌室內襪鞋，是部落客開團數次但我始終買不下去的夢幻逸品。喜孜孜地讓兒子穿上，沒想到一小時後我就把鞋扒了。一兩歲的孩子最喜歡踩踏在媽媽腳上、身上玩耍，別說非軟底的室內鞋踩人很要命，台灣大概也只有最冷的兩、三個月不適合讓孩子赤腳。

購物欲稍微消退後，不難看出親子部落客開團這件事疑點重重。為什麼住在台灣小島的我們要跟著旅居國外的媽媽買東西？難道家庭主婦有了隔海的加持，地位也升高不少？到底媽媽跟團是划算還是亂花錢？團購真的是廠商、部落客、消費者三者得利嗎？為什麼廠商跳過了經銷商、店家，直接賣給消費者——也就是部落客口中的「超級折扣價」，有時比網拍價更高？

觀察當前熱門的親子部落客，他們靠著自己養兒育女長期的累積，以優於他人的文筆和拍照技巧，吸引三、四十萬名粉絲。隨著團購風起，賺點奶粉錢、分享育兒好物成了開團必用口號。社群網站的出現更是推波助瀾，以前部落客頂多是收免費商品寫寫推薦文，現在是直接在臉書公告開團，即時回覆問題，快速湊成一筆大訂單。而粉絲一方面樂於看到長期追蹤的部落客大曬萌萌嬰幼兒照片，並基於信賴心理，相信團購能搶便宜，就算日後發現比較貴，也能立刻轉化心情，安慰自己「一分錢一分貨」，心愛的部落客可是強調「童叟無欺」。

開團、促購的話術和手法

仔細推敲部落客常用語，「婉謝廠商邀稿，只挑選真心喜愛的商品爭取團購優惠」，為什麼部落客「買了覺得好用」，都能找到國際代理商「主動爭取」討論合作團購？一介平民如我，根本不知道怎麼跟廠商聯繫，打廠商客服電話說要爭取開團，應該會被當成詐騙掛電話吧？另外，只要在團購文末附上「利益揭露」，粉絲就會感到安心誠實，可是「揪團可獲得分潤，每團都會誠實報稅開發票」。開發票是廠商開，報稅是部落客在報，關連性何在？還是部落客已成立工作室或個人公司，能開發票給代理商？

有時部落客也會一展行銷長才，「為了提升品質與產品，將木製商品產線移至越南，改由經營超過二十年的代工廠生產，設計塗漆五金包裝都再升級……讓我感受到這個廠牌的持續進步……」一段話簡單交代了製造廠從台灣移到海外，可是移產線雖然不等於降級，也不等於升級啊。

我特地將某幾次跟團紀錄留下來，A團是限時策略，第一天就有一千零六十一筆訂單，總金額高達兩百七十萬一千五百七十元，B團是限量單，有八百一十六筆訂單，總金額一百一十二萬三百七十元。再以公關公司朋友提供的內線消息「分潤約一〇～二〇％」計算，若利潤兩成乘上分潤兩成，部落客開團一次便可入帳十多萬元。朋友加碼爆料：「就算沒開團，純粹拍攝孩子穿戴或使用商品的照片，一張是五千元，寫文章推薦則是兩萬元，再依照粉絲人數調整『稿費』。」無怪乎連演藝人員都紛紛跳入開團大業。

當然，部落客就是一份職業，他也認真做足了功課，用心經營自己，花時間拍照寫文章，計算人家賺多少錢實在沒意義又心酸。而且平心而論，這個產業不是沒有優點，部落客為了愛惜羽毛，不會賣仿冒品，廠商直接出貨，有問題代理商回答，訂單客服都是台灣代理商處理。部落客認真寫開團文，回覆粉絲留言增加「朋友互動感」，而這些知名品牌確實大多是好用、美麗、有質感的，光是擺在家裡裝尿布就賞心悅目，也讓沒有太多時間做功課的媽媽有了選購童書、育兒用品的一個參考。

瘋狂跟團後的反思

不過，以我親身經驗，限時開團的緊張感、粉絲不斷留言的即時感，會讓人在電腦前情緒高漲、心跳加快，無法多想便下標、刷卡、回報轉帳已成功。問題是，沒有購物前我也不覺得缺少什麼，若真要添購，一個五百元的收納箱又大又好用，為什麼我要突然花兩倍價格買個名牌貨？

「買到賺到」成了危險思維。你真的賺到了嗎？沒開團前你會買這個商品嗎？你本來是否習慣先貨比三家，而非看了部落客小孩的使用照片就下單了呢？我必須承認，兒子的推車、輕便傘車，都是在網路上研究很多使用評價後才購買，好用又便宜，唯獨週歲禮物的腳踏車，是失心瘋跟團買了「腳踏車界的賓士」，雖然評價也很好，但售價絕不在我們的選項中。

想給孩子用好東西，是每個爸媽的心情，「無毒、安全、牢固、不易毀損」，太蠱惑新手媽媽了。然而，仔細想想，我們想買的，究竟是商品的品質，還是部落客呈現的「育兒品味」？我們買了那麼多和部落客一樣的東西，期待育兒生活看起來有品味又幸福。朋友直說：「我大概是幻想買了之後家裡就會自動變得那麼整齊清潔明亮，拍照都不會有雜物。」我說得太誇張嗎？就有一位部落客在貼出兒子捏包裝氣泡紙的照片之後，粉絲留言：「能不能團購？」家長確實是種謎樣生物沒錯。

嬰幼兒商品名牌化

親子部落客的文化正一步一步將台灣親子教育推向名牌化。突然之間，台灣的孩子都在讀小鼠波波、佩佩豬和各種英文童書，嬰兒車上的置物袋都是 3 Sprouts，玩的積木都是德國 Hape 廚房流理台，踩的是 MesaSilla 實木腳凳，媽媽人手一組 thinkbaby 餐具。

這股名牌旋風從媽媽包、孩子的鞋襪圍兜、居家收納玩具盒，一直延伸到書籍繪本。越來越多可輕易辨識的品牌出現在我們的育兒生活，這些品牌過去鮮少出現在一般嬰幼兒用品店，價格也偏高。而部落客推薦使用、開團的商品或童書中，卻鮮少有台灣實惠好用的品牌與本土繪本，除了少數例外，多數本土廠商沒有那種行銷預算或思維。

這些部落客挑動的是父母期望能滿足孩子的心理，甚至一條鞭地從生產方式、坐月子中心挑選，到育兒用品等種種「對自己好、對小孩好的敗家物」，強力放送某種生活方式。許多媽媽帶著有一堆功課要做的母職焦慮，從知道懷孕後就開始狂爬文，想著：「天啊好多功課要做（要買）！」等到生完孩子，手忙腳亂的育兒生活，更讓人情不自禁地依賴購物，冀望這些「現代育兒利器」能讓養小孩的挑戰稍微輕省。有個部落客推薦某套英語互動繪本時，粉絲留言：「媽媽英文不好怎麼辦呢？」部落客神回：「Youtube 可以找到朗讀影片喔。」

我並不知道，若孩子從一兩歲穿著學步鞋開始，就活在一個標榜「知名品牌」的環境，對之後的人生有什麼影響，對於部落客長期將孩子當成商品模特兒是否會造成某些後果，也無從置喙。我擔心的只有：家長要塑造出什麼樣的價值觀給孩子？

我觀察網路上熱衷於團購的家長，大約和我一樣是一九八〇年代左右出生，生長環境不一定經濟富裕，但至少衣食無缺，也較容易以消費達到個人滿足。這一代的青年步入社會後，卻走入了窮忙時代：工時長、薪資倒退，唯一擁有的只有民主發展讓我們內建了高度的個人主體性。比起育兒書以專家姿態給指導，標榜出高不可攀的好媽媽典範，我們更喜歡部落客充滿苦樂喜怒仿如好友的育兒分享文，一起罵豬隊友、一起抱怨長輩，一起因為孩子夜奶不成眠。但我們也注意到，這些部落客大多擁有看來舒適、優雅、豐富的生活，而這種「生活」常出現的道具，竟然一一開團了。那股戰友的親密感與欣羨感，立刻讓爸媽願意成為另類的火山孝子。

集體的育兒焦慮

其實家長跟風團購所呈現的是一股集體育兒焦慮，害怕與同儕不同，擔心給孩子不夠好（這次輸在起跑點的不是孩子而是自己）；無論是只能將孩子託給他人的職業媽媽，或是選擇割捨過去、全心照顧孩子的全職媽媽，心裡都有說不出的分離焦慮與憂鬱，只能靠著追蹤部落客、跟團購物來紓解，也更容易揚起一種「我為育兒花了這麼多錢、這麼努力」的心情，並透過消費來證明自己「媽媽的能耐」。

育兒焦慮不是個新鮮的問題，甚至可以說是當今社會的普遍問題。自台灣邁入少子化狀態後，獨生子女家庭的父母其實最感焦慮，嘴巴上說著：「養不起第二個。」但又窮極所能地付出所有時間、掏光自己錢包。加上社群網絡時代來臨，人人可以在網路上「曬孩子」「曬教養」，氾濫的資訊也讓年輕父母又喜又憂。他們焦慮地拚命google，在各種育兒粉絲頁按讚，追蹤親子部落客，彌補自己在育兒方面的無知，另一方面也獲得勇氣，拒絕來自上一代的育兒指導與經驗傳承，急著擺脫那種種不合時宜的做法，以證明自己是聰明有主見的父母。

這股育兒焦慮要走出消費迷宮，做父母的得先想想自己育的是孩子的心，還是全身行頭品牌。畢竟除了咬咬兜和室內鞋，育兒路迢迢，有更多關卡與難題在前方等著爸媽。我們更需要討論如何趕在上班上學前和孩子在家吃早餐，想檢討幼兒園室內與戶外活動時間分配是否得當，思考加入營養午餐委員會能夠做些什麼。

當然，親子部落客沒有義務帶領粉絲討論社會議題，或是思考生活更多層面的問題。但重點在於父母自己身上：當爸媽的你，跟風團購到底想跟到什麼？線上刷卡轉帳完成後，到底是誰獲得了滿足？

STATION
2-5

當豌豆公主成為母親——談社會對於「最好教養」與「完美媽媽／爸爸」的期待

台北醫學大學醫學人文研究所兼任助理教授
范代希

有個流落在外的公主，在深夜敲了城堡的門，說明自己落難公主的身分。城堡裡有個國王、王后跟王子，王子這輩子最大的心願就是娶到貨真價實的公主，可是要如何確保這個落難的小姑娘是真公主？王后想到了主意，她在公主的床墊上放了一顆小豌豆，再在上面堆疊了廿四個床墊。真正的公主一定可以察覺到那顆豆子。

故事的結局是，豌豆公主通過認證，王子高高興興地和真正的公主結婚。但是當公主懷孕、生子，成為母親之後，又會發生什麼事？

七歲的公主控女兒在唸這個故事時，我不禁想到，這又是個女性在父權社會必須經過「認證」才能獲得幸福的典型故事。如果公主需要經過這番認證才能得到王子的青睞，那麼這位公主成為人母之後，還得通過哪些考驗，才能證明她是真正夠格的好母親，足以成為眾人表率的好母后？

關於母職的認證與考驗

考驗的入門版可能是，距離廿四個房間以外，真正的好母親應該要能夠聽到並且辨識出自己孩子的哭聲，因為母性被認為是天生而且自然的。

初階版是，不管母親手邊正在忙什麼、幾天沒好好睡覺，無私的好母親都應該放下自己的需求與疲憊，先回應孩子的需要，因為「為母則強」。

進階版是，外出時，好母親應該長出八隻手加四隻眼，不但要隨時注意孩子安全，照顧孩子出遊的品質，還要把孩子「管教」好，避免孩子常見的失控狀態影響他人安寧，因為把孩子顧好本來就是媽媽的責任。

專業版是，做媽媽的內在必須夠強大，寵辱不驚。如果孩子表現不好，是媽媽沒教好；

如果孩子身體不好，是媽媽沒顧好。因為孩子的事就是媽媽的事，關於孩子的種種便定義了母職的成功與否，也許還定義了母親的價值。

如果豌豆公主能夠通過這些考驗，她是否便被認可為真正的好母親？如果她生在現代，可能還必須通過廿一世紀母親特有的考驗：是否能夠有效實踐「科學母職」。也就是說，真正的好母親要夠用功、有獨立思考能力，能夠在大量廣泛的現代科學育兒資訊中奮力爬梳，為自己的孩子找到最適宜的教養方式。

「好媽媽」是否存在？

「母職／母愛天生」的說法強調母親本來就是孩子最適任的照顧者，期待母親把時間及精力完全奉獻給孩子。但是越來越多研究發現，所謂的「母職／母愛天生」，生物學上並沒有足夠的基礎。換句話說，除去生育與哺乳的生理事實，女人並不一定比男人更適任撫育下一代。

然而，我們的社會與文化不但要求女性承擔育兒的大部分責任，還給了女性非常嚴苛的標準。若前述關於母職的考驗能夠初步符合這個社會對好母親的圖像，那麼也許真正的好母親應該長這個樣子：有千里眼、順風耳，或者根本是個千手觀音（所以能隨時感應照顧孩子的需求），不只感官超乎常人，內在也極度敏銳（所以能及時覺察同理孩子當下的狀態），極端無私（所以能夠犧牲奉獻並將孩子的需求放在優先），有無比的精力與責任感（才能回應孩子無止境的索求），同時也要知所進退能收能放（在孩子嬰幼期給予完全的安全依賴感，但在孩子漸漸長大後要學會放手，以免把孩子養成媽寶公害）。

但我們也知道，「眼觀四面、耳聽八方」在生理上並不符合人體真實配備，母親美好形象的假設也著實違背人性在認知和情緒上的本能。人本來就會煩會累、有喜有悲，即使有再多的愛，有時也會感到窒息無助。然而，即便這個標準如此不人性，眾多母親仍時常被這些有形無形的「好母親」框架所審度著，並依此形塑自我認同與價值。

那些對母性偉大的歌頌，背後隱然強化母親犧牲與奉獻的合理與正當性，呈現了這個社會對於母職超乎現實與缺乏同理心的期待與想像。當母親以此標準來衡量自己時，這些不人性的標準，讓再努力的母親也不免陷入經常性的沮喪、自責，覺得自己不夠好。

但有趣的是，不論妳如何努力，讀過多少育兒書，有多完美的胎教，以孩子為中心投入多少心血，每個孩子依然是獨立的個體，有天生的稟賦與個性，家長的慧心與努力會是重要的資源，但絕不能保證育兒路上一帆風順。當孩子越長越大，妳可能會發覺原先乖順可人的小寶貝，越來越有自己的想法，甚至對妳砰地一聲關上門。妳開始質疑，自己過去一直捧在手心按照專家建議好生教養的孩子，到底發生了什麼事？自己一路走來是不是做錯了什麼，讓孩子變得這麼叛逆像生了刺？叛逆或許只是孩子成長的階段性表現，但那個惶恐、內疚或自我懷疑的旋律，卻是為人母這條路不時浮現也揮不去的進行曲。

個人：成為母親之前，先成為人

在豌豆公主的故事中，眾人在意的是「公主」這個身分能否驗明正身。至於睡在廿四個床墊上的「她」的感受，她的睡眠品質，沒人在意。我猜這種孤獨感與無我感，當媽媽的或許都不陌生。

女性主義的先驅西蒙波娃說，除非女性對撫育工作特別有興趣，否則不要當母親，因為婚姻與母職是囚禁女性最大的牢籠。也因此波娃一輩子拒絕婚姻與生育，並鼓勵女性追求自己的夢想，避免以家庭與母職來定義自己。但是，難道擁有自我與成為母親就一定相互牴觸嗎？難道母職全然充滿著艱辛、犧牲，而沒有令人振奮、欣喜的時刻嗎？不盡然如此，或許大部分的母親都可以舉出自己第一次擁寶貝入懷時那個心醉神馳的剎那，以及與孩子建立起良好互動時那些美好時刻。

然而，不可否認的是，不管是出於自我要求或社會期許，母職的確是個容易讓人忍不住就過度投入的角色。女性成為母親之後，很容易忘記自己先是個人，才是個女人，然後才為人妻，最後才為人母。在我們學著跟孩子相處之前，應該先學會跟自己相處，學會愛自己、聆聽自己的聲音。

跟新生命朝夕相處，無條件地愛他／她，回應孩子的所有需要，為孩子負責，是個危機，也是個轉機。透過孩子，妳有機會找回自己失落的童年，和孩子一起長大；但也有可能妳從此轉身不再看自己，因為有個生命比妳自己更值得關注。但請永遠記得，母愛即使出於自然，情緒與體力上仍背負著極大的勞動，因此在滿足孩子的需要之前，母親首先需要滿足自己，否則孩子得到的只是掏空的母親。鬆綁自己，才能懷抱著寬容和溫柔把母愛帶給孩子，也才能開啟社會鬆綁母愛的契機。

社會：看見母親的需求

母愛與母親的照拂的確是新生命成長茁壯的一大動力。弔詭的是，所謂「母性本能」的論述，也成為這個社會壓榨剝削母親的意識形態。

在高工時、責任制、高房價、收入卻不見得成正比的時代，中產階級家庭的圖像時常是這樣的：承擔傳統養家者責任的父親常常被企業／工作／社會給綁架了，成為一個只回家睡覺的男人。而被要求承擔大部分持家、育兒責任的母親，也間接被家庭綁架了。不論這個母親是不是同時也擁有一份正職工作，這個社會的預設是，每個超時工作的男人背後都有個會把事情都打點得好好的女人。結果常常是，父母都上班的孩子待在學校與安親班的時間比在家的時間要長得多。即使媽媽全職在家，往往因為丈夫的高工時，也成為假性單親媽媽。平日丈夫上班不在家，假日丈夫加班或者需要補眠，也等於不在家。如果剛好又沒有人可以替手，所有的育兒樂趣，都可能會因為無休止的循環而成為夢魘。

這個社會可以提供母親什麼樣的協助？母親需要的不一定是/不只是更長的托育時間、更多的育嬰津貼。她們更需要這個社會對母職真正的認可與鬆綁，以及對孩子成長各個階段更多包容與寬廣的想像。

當社會與企業能真正認可家庭的價值，願意對彈性（縮短）工時、育嬰假、性別平等釋出更多善意。當媒體與大環境不再操弄母親的愧疚感（例如，我沒有讓孩子贏在起跑點代表我失職），當這個社會可以給母親更多信任與尊重，當母親可以坦然追求自己人生的理想，而不需要為了母親的身分感到掙扎迷惑。當母親節的重點不再關注於母親有多麼辛苦，而是當媽可以多麼幸福時，那麼，當一個完美的母親（或真正的公主）已然不再重要。重要的是妳示範給自己的孩子看，對，媽媽一點都不完美，人生也不是童話故事，可是媽媽努力活出自己想要的樣子，將來你/妳也一定可以。

「科學母職」如何影響現代育兒？

extension 01

現代的母親，由於教育程度普遍較高，且身處資訊流通、醫療科技發達的社會，通常不再盲從單一權威或依循古早的育兒方式，而是運用習得的知識，有意識且積極地選取最「合用」的育兒與醫療方法。她們會尋求專家背書或理論依據，以符合自己價值觀的方式來教養孩子，將育兒視為專業的母職實踐。這給予了母親更大的自主空間，間接肯定了母親的獨立思考與判斷能力。然而，過度強調「科學母職」，並且期待母親在大量（有些甚至相違背）的科學資訊中爬梳出最適合孩子的養育方式，進而依此衡量母職的適任程度，也可能引起母親不必要的焦慮，甚至強化了這個社會（與母親本身）對母職角色的過度期許，並貶抑了代代相傳的育兒智慧與照顧者的直覺。

「母職/母愛」是生物本能還是社會建構？

extension 02

過去的研究經常「預設」母職/母愛之於女性，是基於生理結構的本能，是不可更改且普遍存在的生物事實。然而，「女人是天生的母親」的說法，面臨的第一個挑戰是：「撫育孩子」與「生育孩子」是同一件事嗎？女人擁有生育哺乳的能力，可以毫無條件地等同於照顧並養育孩子的能力？若是如此，我們該如何解釋，有些女性並不善於照顧孩子，甚至不喜愛孩子？

在此，我們並不否定很多女性和自己的孩子有很深的連結。然而，即使是純然的生理經驗，也不免受到文化與社會的塑造與強化。著名的女性主義社會學與心理學家喬多若（Nancy Chodorow）在《母職的再生產》一書中指出，當前人類與靈長類的研究，無法明確指認出母職/母愛的生理的基礎，然而卻有臨床證據顯示，個人心理因素與生命經驗會影響母愛的荷爾蒙基礎。因此，一個甫生育的女性，有可能是一個完全不適任的母親。而一個男人、收養嬰孩的女人，甚至兒童，卻都可能是非常稱職的照顧者，並且對嬰孩湧出「母愛」。因此，女人專司母職很可能並非全然源自生理機制，而是來自社會與文化所塑造的性別分工，藉此維持某種制度化的性別/社會秩序。

STATION 2-6

媽媽是最好的照顧者？——一個爸爸的育嬰心得

攝影記者 **黃世澤**

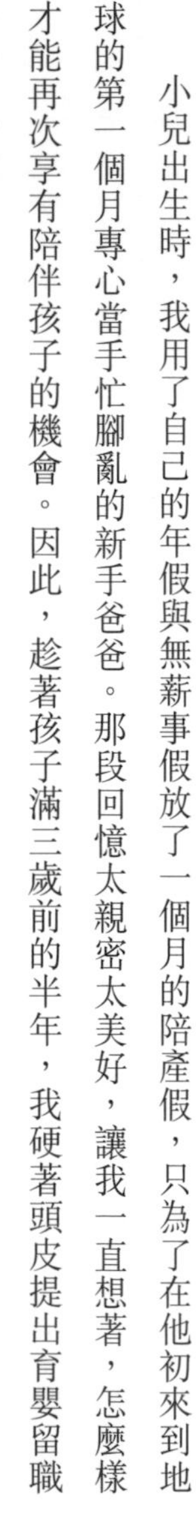

小兒出生時，我用了自己的年假與無薪事假放了一個月的陪產假，只為了在他初來到地球的第一個月專心當手忙腳亂的新手爸爸。那段回憶太親密太美好，讓我一直想著，怎麼樣才能再次享有陪伴孩子的機會。因此，趁著孩子滿三歲前的半年，我硬著頭皮提出育嬰留職停薪申請書。

從外界眼光來看，三十多歲的男性，正值事業打拚的年紀，突然說要請假回家帶小孩，親友同事聽到，大多以一種「我了解」的姿態點點頭，其實眼神透露出「你瘋了」的質疑，或是不著邊際的說著：「好好喔，請假還有六成薪水。」

然而，這個眾人看來好爽的育嬰假，其實得來不易。為了不對公司造成太大影響，我在兒子兩歲前就數度知會主管，最後眼看期限將近，更是積極與主管討論這件事。但只有四人的部門一下子少了一個人力，影響不小，主管從好言勸說到嚴詞力阻，不斷勸退或希望至少能縮短時間。

我反覆思考很久，決定還是按照計畫送出育嬰假申請。

育嬰假是依照《性別工作平等法》規定，勞工在同一家公司任職滿半年、子女滿三歲前可申請最長兩年育嬰假，雇主不得拒絕，也不得給予降薪、打低考績等不利處分，甚至三節獎金、年終獎金都必須照常發放。這與每位員工表現無關，屬於勞工納稅納保的基本權益。

從個人角度，作為育有子女的父親，我真的希望能陪伴他生活半年，這是許多男性錯過的一部分，現在因為文化改變與法律進步，我們終於得以享有這個權利。

另一方面，我也不希望自己留下放棄育嬰假或是縮短假期的前例，讓其他同事受迫於職場文化而放棄勞工的基本權益。也正因為我對這份工作的情感與熱愛，我希望能夠透過自己的行為創造出進步的職場環境。

公事與家庭在個人的時間分配中，總是充滿拉扯，但究其實，人不只是辦公室的組成分子，也是家庭中不能缺席的角色，要求一個人一切都以公司需求為優先並不合理，也不健康。況且，顧及家庭的規劃，未必會對人生有所耽誤。一個人或許會因為有了家庭、子女，無法配合工作的所有要求，但也因為有了家庭和子女，會對工作產生不同的期許與表現。嶄新的生活經驗所開啟的人生向度，也會造就出優勢。家庭與工作，不該是光譜的兩端，而是互相支援也互相補給的新共同體。

育嬰假與性別（社會普遍比較能接受女性請育嬰假）和東西文化差異（總覺得那是歐洲的進步國家才可行）無關，實務上最關鍵的仍是工作分擔問題，而要解決其實不是難事，只要同仁能誠心一起討論、思考、尋找人選，很快能有解方。讓男性也能請育嬰假，背後代表的意義是兩性平等以及尊重勞工權益。這是一項重大價值，值得花費更多努力與職場主管和同事共同達成。

育嬰假背後的隱形資本

然而我也知道，育嬰假對於許多人來說仍是看得到吃不到。先不論男性尚屬少數，就連女性要請產假，常常也得面對是否就此離開職場的問題：原本的職位是否還在？回鍋之後能否順利銜接原本的工作？對許多人來說，這可能是一翻兩瞪眼的結局，要不就是事先「自願請辭」，要不就是事後「被迫離職」。

因此，雖然育嬰假是法律上給予人民的權利，但實際上未必是那麼理所當然。我深知自己得以順利請假（事後又能夠回到職場），背後是有許多隱形資本在支持。

我在公司擔任攝影，在專業上的優勢，或許是我在這場拉鋸中最大的籌碼，因為我知道，即便公司無法接受我的決定，我仍然有其他出路。換句話說，放完育嬰假，我不擔心找不到工作，因此才有能耐一路堅持下來。

另一方面，公司的型態和態度也非常重要。我的公司是擁有數百雇員的大公司，就算主管百般不願，面對這種法律明文規定的事情，也只能接受。但是，這並不代表我就能順利請假，假期結束後也理所當然回到原職。在與公司的溝通過程中，我察覺若是我執意請假，可能會影響未來的升遷。這類的潛規則，應該也是在職場掙扎的所有人，特別是常需要請假的職業父母，都有過的深刻體會。

然而，即使公司有了因應措施，但部門中原本四個人的工作變成三人承擔，最後我的工作還是落到同事身上。這些都在在加深我育嬰假的心理負擔。於是，理論上休假是工作者的權利，但實際上休假者卻背負著心理負擔和人情債。不難想像，缺乏隱形資本的勞工，要爭取育嬰假更是格外困難。

但這也是我堅持請育嬰假的重要原因。若考量個人職涯發展與生活安排，請保母照顧小孩然後繼續在社會上打拚，會是更容易的選擇。但我期待自己的堅持可以換來男性和女性雇員在育兒和工作權上的一丁點進展。我期待這些例子一多，聽到的人多，能有助於塑造出健康的社會氛圍，讓大家覺得請育嬰假是理所當然，而非特殊待遇。

爸爸來當照顧者

總而言之，最後我還是放假了！

育嬰假的價值在於給你一個時間和空間專心帶小孩，但事實上，永遠不可能擁有所謂的理想育兒情境。照顧者的心中總是會一面掛念著家事，因此容易對孩子心生不耐或是心不在焉。而小孩這種生物什麼不會，最大的能耐就是與你作對。

對孩子來說，之前媽媽長時間的照顧，似乎已經在孩子心中建立了母親身兼友伴與權威者的雙重角色，他知道何時可以跟媽媽瘋癲玩樂，也知道媽媽的底線。但過去爸爸一直是玩伴，而作為純玩伴的我也很自豪從未用嚴厲的語氣對孩子說話。然而我現在成為主要照顧者，就需要讓孩子重新理解我的角色，知道有些時候我會需要他的體諒、配合與協助。

就我而言，我對孩子的生活有比較多妥協，常常覺得生活滑順就好，對於孩子的規矩或是作息較不會堅持：偶爾正餐沒吃完就吃點心，ＯＫ，有吃就好；偶爾想看電視，ＯＫ，輕鬆就好；偶爾玩太晚，隔天整個打亂作息，ＯＫ，慢慢再調整就好。

但對於家人來說（不只是太太），這未必是可以接受的「規矩」，不過因為我身為主要照顧者，這些都變成我要去建立與協調。大家對孩子的想法，小孩的所有轉變（不論好壞），都會歸因到主要照顧者身上。於是，孩子的教養方式有時不只是自己的事，還得跟太太或其他家人討論，達到大家都可以接受的模式，而這自然也成為當時我的主要壓力源之一。

從中我也發現，很多人往往忽略小小孩就是不斷在成長、變化。原本喜歡吃青菜現在卻不喜歡了（味覺改變），原本每天睡午覺現在卻玩整個下午（睡眠需求改變）。這些改變都是在主要照顧者眼前逐漸發生的，有發生的脈絡和原因，但是其他人卻未必能全盤理解或接受。有時當家人用自己的習慣或想法好意指導我的照顧方式，卻可能無意導致我覺得不被信任而造成衝突。

這種「換位體驗」對我來說是個寶貴經驗，讓我能用照顧者的角色來看待家務和教養現場，也深知照顧者的辛勞和限制。因此，當我回到工作崗位之後，我在與太太討論孩子的教養方式時，更會特別留意不要把自以為的好意轉變成壓力，加諸在照顧者身上。

外界怎麼看我這個爸

我也開始注意到外界看待男性育兒的眼光。打從孩子出生，我抱著他走在路上，若遇到女性長輩，她們首先投來的眼神一定帶著不解：孩子的媽到哪去了？怎會放給一個大男人在這個時間帶著小孩呢？接著就是審視這孩子有沒有獲得妥善照顧：小孩夠不夠保暖、有沒有吃飽、有沒有牽好……這些來自陌生人的關心，都強調出你在場的突兀。

而平日非通勤時間的大眾運輸工具上，大多是帶著孩子的媽媽。有可能是爸爸還是習慣開車出門吧。如同汽車廣告所呈現，全家開車出遊多和樂，誰要大包小包扛孩子上公車，何況帶孩子搭公車真的很累人，上下車時搬運推車（上面還坐著一尊癱軟的孩子）、擠開人群安頓好推車、在緊急煞車時死命穩住推車，還有留意孩子不要吵到或踢到旁人等，都是高密度的體力活。

正因為台灣長期將育兒這件事理所當然地推給女性，無意間也造就出一個「不友善男性育兒」的生活環境。有天我帶著兒子來到內湖美麗華，兒子大便了，必須立即更換尿布。然而，這裡的兒童廁所居然只有三個小便斗，詢問後得知只有女廁內才有親子廁所。當下我已顧不得自己是大男人，立即抄起兒子，衝進女廁。門口排隊的兩位小姐轉頭瞪著我，幾秒之後其中一位開口：「男廁也有喔，在另一邊。」我帶著羞愧夾著兒子往男廁奔去，卻發現男廁其實並沒有尿布台，只有兩間狹窄的坐式馬桶間。當時我夾抱著兒子的手已經抖了起來，只好默默鑽進其中一間，讓小孩站在馬桶蓋上處理。

現在較新的商場與機關行號都在男廁規劃了親子廁所，這是值得欣喜的轉變，但是大多數時候，如果沒有身障廁所可以借用的話，我還是必須與兒子擠在連回身都很困難的馬桶間裡解決尿布問題。難以想像，如果是爸爸帶著還不會站立的小嬰兒，又該怎麼處理？

育兒的未來與當下

育兒，談的好像是孩子的未來，但面對的就是瑣瑣碎碎的當下。

請育嬰假之前與不少人聊到放假期間的計畫，那就是認真陪伴孩子。然而，等到我得以「專心育兒」的那天來到，才發現自己每天淹沒在日常瑣碎家務的洪流中，若不特別積極規劃，日子一天天就過去了，而這確實容易讓人恐慌。

這點對於長期習慣在工作中獲得肯定的父母（特別是父親）更是深刻。在職場上，我們為了理想、人生目標及最實際的金錢收入不斷付出，每一項都有相應的回饋。但是帶孩子呢？我周而復始地沉浸在不斷重複的家務中，以及孩子哭鬧、吃喝、弄乾淨了又弄髒的育兒循環中，很難在短時間內感受到所謂的自我實現。此外，工作時我們處理的似乎是關係到社會的「大事」，相較之下，帶小孩處理的卻是個人情緒、屎尿等「小事」，這差別又何謂不大呢？

親自帶著孩子生活，好像在打闖關遊戲，很多時候只能見招拆招。而且即便眼前的關卡過了，不代表就能立即升級，同樣的關卡可能會一直來。父母也只能耐著性子陪伴孩子慢慢磨，即便是進兩步退一步，孩子也算是在慢慢轉變，變得越來越配合現實生活的人際關係。

育兒的成就感很難短時間內體會，而且小孩也不是你下指令他就會乖乖照做的機器。說穿了，我們期待自己能夠同理他、聆聽他，讓他自主成長，卻壓根兒不知道他會長成什麼樣子。簡單說，就是父母根本不知道自己現階段的付出可以獲得什麼樣的成果。

有人把育兒和父母自己的人生放在對立面，進而問道這樣為孩子付出值得嗎？先別說特地請育嬰假甚至直接辭職回家帶孩子，可能連平常下班疲累回家沒有心力多陪伴孩子時，都會冒出這樣的想法。

然而，這場育兒之旅給我最深切的改變就是，我不再用過去的邏輯去計算得失。我習得了新的邏輯：我不知道未來會換得什麼，但我願放下計算，確實地感受孩子陪伴在身邊的這一刻。這是個雙向過程，不是單方向的付出，也不是等價的交換。或許應該把育兒的重點放在一起生活、成長與陪伴，而不是去期待孕育出某種成果。我從著眼未來，回到最深刻的當下，這價值觀的扭轉，或許才是平衡工作與育兒的關鍵。

STATION 2-7

誰能成為「好爸爸」？——談個人與社會的共構觀點

中山大學通識教育中心與社會學系合聘教授 **唐文慧**

一位男性朋友告訴我：「如果你沒當爸爸，就不能算是男人；如果你不是好爸爸，也不能算是好男人。」我思索這句話背後的涵義，其實說明了這位中產階級的男性對「當爸爸」這件事情的高度認同，更期待自己能成為「好爸爸」，因為這與他的性別角色扮演與身分認同有著密切的關聯。然而，我不禁好奇，哪些男性能夠成為社會大眾公認的好爸爸，甚至成為政府表揚的「模範父親」呢？台灣社會對理想父親角色的期待與想像究竟為何？

好爸爸的典範轉移

大約五十年前，政府開始進行所謂的「模範父親」表揚。在一則新聞報導中指出，舉辦模範父親選拔的目的是為了「改良社會風氣復興中華文化，恢復我國固有倫理道德」，而參加模範父親選拔的條件是：「五十歲以上，思想純正，有子女四人以上，並注重家庭教育的父親，平時熱心公益又能敦親睦鄰，教育子女有成，且身心健康無不良嗜好。」（《中國時報》一九六八年七月八日）

看完這則新聞，相信大家都會莞爾一笑，一來當代家庭有四個孩子以上的應該很少吧，再者，模範父親為何與「恢復道德倫理」有關？五十年前的那個時代，好爸爸比較是一種「公共型」的角色，必須熱心參與公共事務，子女也得有一定的教育成就，這樣的父親才能成為社會認可的好爸爸。這與模範母親的邏輯相當類似，許多事業有成的男性，他們的母親經常成為政府表揚的「模範母親」，因為有成就的子女才能榮耀父母。因此，好爸爸與好媽媽一樣，經常都是「以子為貴」。然而歷經時代變遷，好爸爸有新的面貌了嗎？我發現，當代好爸爸的定義也開始要讓另一半感到滿意才行，男性面臨公私角色衝突的問題也開始浮現。

大約在二十年前，有則新聞是這麼說的：

當選今年台南市模範父親的北區東興里里長吳錦明，有個得獎專家的封號。這次得獎太座蔡阿桂的評語是：當好爸爸是實至名歸，但不見得是好老公。因為老公太過於急公好義，自己家的事總是擺在最後，所以當太太的就得辛苦些。（《中國時報》一九九三年八月八日）

這位模範父親是里長，熱心公益不在話下，但是從太太的角度出發，丈夫把家事放在最後面，卻讓她非常辛苦。太太雖然肯定丈夫是好爸爸，但是話中還帶著一絲遺憾！可見，好爸爸角色開始從公共型轉到兼具家庭關係的面向，換言之，好爸爸也要家庭與事業平衡才行。

時間又過了二十年，再看一下最近兩則新聞，一個是修紗窗的爸爸，一個是賣雞排的爸爸。這兩則新聞大幅改寫了社會大眾對好爸爸的想像與期待，既沒有提到孩子的學業成就，也不強調父親的公共角色，重點反而是照顧幼兒與體貼太太的家庭面向，甚至是擔負起育兒的重任，這則新聞是這麼說的：

台南市最近出現一位身揹嬰兒、在街頭幫人修紗窗紗門的年輕男子，大家對他總是揹著孩子工作很好奇，一問之下才知他是個疼某的新好男人。因為老婆正忙於研究所實習課業，白天無暇顧嬰兒，他當起超級奶爸，餵奶、換尿布全包辦，不少民眾紛紛按讚還熱心幫忙介紹工作……熱愛運動的陳建任渾身肌肉，他揹兒子在貨車旁修紗窗的身影，被網友拍照上傳臉書，不斷被轉載，稱讚他是新一代好男人，妻子也大讚老公「足感心」。

（《中國時報》二〇一五年五月一日）

有網友在臉書社團「嘉義市大小事」分享一張爸爸揹著兒子賣雞排的照片，直呼：「現在社會上越來越多父親讓人欽佩。」網友恩布魯表示，他經過嘉義市東門圓環這間雞排店時，偶爾會看到老闆揹著未滿一歲的兒子炸雞排，經詢問得知，小嬰兒的母親從事新娘祕書的工作，無法把孩子帶在身邊，因此他才揹著孩子工作。許多網友看過紛紛表示：「好爸爸！」「原來不只台南有，嘉義也有喔！」還有網友讚賞：「這才是男人！」「認真的男人最帥！」

（三立新聞網二〇一五年五月二日）

以上這兩則新聞中的「好爸爸」都是勞工階級父親，並不強調他們急公好義或敦親睦鄰的形象，也不著重他們教育子女或以子為榮的面向，反而是強調他們「照顧幼小子女」與「幫助太太完成學業」，其中的轉變主要從公領域的男性角色轉變為私領域的家務分工，與較為平等的夫妻性別關係。此外，現在市面上更出現「野戰風格」的嬰兒背巾和爸爸包等育兒商品，這些都是好父親形象轉變的重大指標。對幼小子女身體的照顧與強調親子的親密關係，成為這個新時代的父職特色。

好爸爸形象認同的階級差異

除了世代，其實誰能成為社會大眾稱許的好爸爸還有階級的差異。每次見到住在漁村的阿榮，他總是嚼著檳榔，並不免夾帶幾句髒話來表達他對這個社會的不滿，特別是工頭對他的苛刻要求。阿榮不到三十歲，已有兩個上小學的孩子。這位年輕爸爸給我的第一印象是熱情、愛交朋友。因為家境貧窮不喜歡讀書，國中就輟學打工，雖然中文的聽和說沒有問題，讀寫卻有障礙。他學歷不高，在鐵工廠作工，月收入少則三萬，若加班更多。太太也工作，家庭經濟還算不錯，且夫妻的工時是正常的早八晚五。雖然工人的體力勞動累了一點，但能賺錢養家，他覺得自己的日子過得實實在在。他最喜歡說的一句話：「哼，大學生？還不是廿二K！」阿榮的太太阿蒂是從越南來台灣工作的外籍看護，後來認識阿榮才結婚，夫妻感情融洽，一家和樂融融。

阿榮的父職表現，是現代和傳統的交織，加上一點個人色彩。他對於孩子的課業沒有過多要求，這或許也是孩子和他相處沒有壓力的原因之一，每次我看到他與孩子在一起總是融洽自然，不小心會誤以為他們是兄弟或朋友。由於平日下班得早，又有固定週休二日，阿榮常常能和孩子一起玩手機遊戲，也和孩子分享網路有趣的影片，幾乎每天在臉書公開家庭生活的點滴，假日會帶著太太與孩子出遊。

然而，阿榮有時也會以較為權威的姿態來管教孩子，像是罰孩子半蹲來進行道德管教。其中最具個人特色的，還是操持著髒話的表達方式，一生氣就是「幹，XXX，你再這樣，我要揍下去了」，接著便出手朝兒子頭上揮過去。他的言語動作經常讓外人目瞪口呆，但過了一會，你又會看到他跟女兒、太太摟摟抱抱，跟兒子稱兄道弟的畫面，久了我也習慣了他們一家人的互動模式。朋友或太太經常會糾正他的三字經，也告訴他不能體罰孩子，但不可否認，不論在陪伴孩子或是經濟供應，他的照顧與養家角色都可說達到了標準，旁人若還要批評他，似乎就顯得太苛刻。

當今社會對「真男人」的定義已與現代性的父職高度相連。搜尋二〇一五年模範父親選拔活動，結果發現，與前兩個世代不同的是，有越來越多不同類型、族群、階級的父親逐漸被看見，如新竹市社會處的選拔，就將模範父親代表分為六類，為「家庭照顧、力爭上游、新移民、原住民、自強、另類與熱力爸爸」（《自由時報》二〇一五年七月十八日）。雖然這些選拔的標準仍意圖塑造公領域的社會標竿，但與過去相比，弱勢家庭的父親開始被看見，象徵著好爸爸不僅只有中產階級傳統的那一套文化腳本。

而相較於公部門的選拔，NGO的兒福組織則持續訴求回到私領域來進行父職意義的探討，他們多深切期待男性做個高度參與家庭的「好爸爸」。例如在「二〇一五年父子互動關係調查報告」中，針對國小五、六年級及國中七、八年級的學生進行問卷調查，結果顯示台灣父子互動關係狀況出現三大警訊，即「不多話、晚回家、常神隱」，更有高達五成四的孩子一天與父親聊天不到半小時，甚至四分之一的孩子和父親共進晚餐的頻率不到一週三天等（《聯合報》二〇一五年八月五日），因此批判這些「缺席的父親」，意味著他們不是「好爸爸」。此外，還有民眾組成社區關懷協會，該協會祕書長指出，台灣已經進入「無父的世代」，他認為現代父親多忙著工作賺錢，因而錯過孩子的成長及與妻子的溝通。他鼓勵父親扮演正向角色，凝聚家庭力量、給孩子安全感，因此號召志工父親成立「好爸爸聯盟」，藉此推動爸爸愛家的活動（《聯合報》二〇一五年八月六日）。

然而，我們也發現，爸爸對孩子的照顧可從質與量兩方面來觀察，也可從身體照顧與心理的支持來探討。根據二〇一五年父子互動關係調查報告指出：「父子除了相處時間不多，互動品質也差強人意。當問到孩子最常和父親一起做的事，超過六成是吃飯（六十三．二％）和看電視（六十一．四％），甚至一起玩3C產品的也有近兩成二（廿一．七％），然而和父親一起運動的比率卻只有一成九（十八．八％）。」結論中並認為：「現代爸爸似乎還是難以完全擺脫傳統父親忙於工作、不善表達的形象。」從以上的調查我們發現，社會期待父親除了跟孩子在一起，也要注意在一起時所進行的活動內容與互動品質，並強調運動健身的活動是較被認可的，但這也可能與都市生活的活動空間不足有關。此外，不同工作性質的父親會有不同的父職實踐，例如忙碌的中上階級父親可能可以提供較好的物質、較好的金錢，且多半會強調照顧子女的重點是品質，例如心理的支持，而不是時間的長短。

誰能成為「好爸爸」聯盟的成員呢？或許我們會認為就是那些有錢有閒的中上階級父親，但現在台灣社會的中產階級，很多也陷入以長工時來換取工資的景況。許多白領階級的家庭都經歷著假性單親，反倒是上述案例中勞工階級的阿榮能陪伴子女成長。經濟弱勢家庭在扮演父職過程中可能面臨的困難與掙扎，也都出現在白領階級家庭。

從政府與NGO的倡議來看，兩者各針對不同的面向來判定何謂「好爸爸」，但也需避免落入盲點。例如政府的選拔雖注意到多元的父職型態，但忽略了「世代」差異，且大多依然企圖形塑特定的父職典範。在NGO方面，雖然要求回到家庭私領域來塑造理想的父職，但卻忽略階級的面向，忽略家庭的型態差異，也看不見經濟弱勢家庭的父親在扮演父職過程可能面臨的困難與掙扎。

「缺席的父親」在過去被大量討論，通常批判父親將養家的經濟角色放置在第一順位，缺乏照顧的角色，然而這樣的批判卻忽略了勞動階級父親的無能為力。我們不能僅僅以「都會區」、「高教育程度」、「白領工作」的父親作為理想父職的典範，我們不能簡化父親在不同世代與區域脈絡中所展現的複雜圖像與型態，在討論誰是「好爸爸」時，也不能不看見世代與階級是時常被忽略或刻意迴避的重要面向，那些其實都是形塑與影響父職實踐差異的重大因素。

所謂「好爸爸」的理想父職圖像會因地域和世代而異，且正如學者霍布森（John Montagu Hobson）抱持「社會建構論」的觀點，男人會成為父親是「做成的」（making men into fathers），而不是「生成的」。強調父親角色是鑲嵌在社會文化與制度脈絡當中運作的結果，除了個人意願和選擇的偏好，社會文化與制度往往影響父親的樣貌，也定義何謂稱職的「好爸爸」。我們不應忽略不同時代與階級地位的男性對於當爸爸這件事會有不同的想像與實作。如果一個社會多數的男性都期待自己成為受人讚揚的「好爸爸」，是否正如「好媽媽」的迷思一樣，應該更仔細地被檢視與反思，究竟成為好爸爸的個人和社會條件是什麼？為什麼相較之下有些人似乎輕而易舉就可以成為好爸爸，而有些人雖窮盡心力努力朝向這樣的目標，仍然遙不可及。我們鼓勵大家成為好爸爸，卻也不能忽視社會文化如何定義好爸爸，以及個人和社會條件的重要性。

STATION 3

做爸媽的第三站：教育孩子

一提到「送孩子去上學」，父母就有說不完的心得和血淚史。這個時代的父母，經常讓專家知識取代真實親子互動，成為父母認識孩子的基礎，也指導我們的日常實作。這一站討論什麼是童年本質。最重要的是習得規範界限，還是認真玩耍？幼兒園的選擇是要與國際接軌的全美語教育，還是崇尚自然的野放？哪些課後才藝是必要的資本累積？父母教育孩子的方式，以及認為孩子該具備哪些能力，不單是個別選擇，更受到不同教養論述與文化腳本的影響，也反映主流社會價值對於「理想人」的想像。

為了孩子上學，身兼社會學家與媽媽的石易平，參加過數回合電話撥號比賽和學校參訪，深入探討數種幼兒教學法的設計理念，勾勒出她自己的超完美幼兒園圖像。

林芳如透過分享她與孩子的經驗，分析父母常遇到的掙扎：孩子要自己帶，還是要儘早開始團體生活？不同選擇背後反映的價值為何？透過訪談數十個家庭，石易平闡述家庭的社會階級與文化資本，對兒童才藝補習安排的影響。性/別教育是孩子成長過程中，重要卻常受忽視的一環。陳玫儀以自己和女兒日常的互動為例，示範了性/別教育可以如何從日常互動中落實，父母可以如何協助孩子探索性/別。

當社會以異性戀/中產階級/雙親家庭為常模時，我們要小心避免把這當做「正常」家庭的唯一樣貌。「每個人（家庭）都不一樣」，更重要的是這些「不一樣」不應該造成偏見或歧視，成為他人痛苦的來源。曾嬿融筆下的女同志家庭，一方面挑戰異性戀霸權對家庭的想像，一方面也協商親職實踐。從事親職研究的社會學家藍佩嘉，試圖挑戰教育現場對於「問題家庭」的標籤，並呈現這些家庭日常的困境。社工學者洪惠芬以育有身心障礙子女的母親為研究參與對象，她透過研究別人反思自己，深刻勾勒這群媽媽如何在育兒過程中抵抗社會加諸於障礙的汙名，長出自己的力量。在都市育兒的排灣族媽媽 saviq kisasa，討論在漢人社會中保存孩子的原住民自我意識為何重要，她又如何在結構的限制下，運用各種資源養育出對部落有認同的孩子。以上這些「非典型」家庭每日每夜的親職實作，存在對主流意識形態抵抗的軌跡，她們的生活經驗揭露，「完美」或是「最好」的標準其實是特定利益群體的價值，脆弱不堪。

STATION 3-1

超完美幼兒園的都市傳說——從全美語與蒙特梭利到放山雞教養

輔仁大學社會系助理教授　**石易平**

下午三點，一位焦慮的媽媽在辦公室上網搜尋台北市政府網頁，查詢公立幼稚園抽籤結果。冷不防心一沉，候補八十九號！這位媽媽心裡一邊咒罵一邊大笑，阿Q地對自己說：「公托本來就不能抱太大希望啊！是我自己太傻。」然後，沒有幼兒園能托育孩子的焦慮，又如噩夢般排山倒海而來。

每年四、五月，就會有成千上萬的媽媽跟我一樣，每天上網查閱公告，然後逐一打電話詢問各個幼兒園的參訪時間、評估抽籤機率，弄清公共與私立幼兒園學費的巨大差異，然後開始分析各種幼兒園的軟硬體，以及評估大人必須付出的代價，最後試圖選擇一個自己能夠給孩子的、理想的、幸福的童年劇本。

做父母也許有一百種方式，但台灣社會養育幼兒的普遍迷思卻十分接近。在為自己孩子尋找幼兒園的過程讓我領悟到：童年本來就該是多元的，父母卻常常在眾聲喧譁的廣告招生詞彙中迷失，對昂貴的月費與五光十色的課程名目感到不解。這真的是我想要給孩子的童年時光嗎？身兼母親與研究者的雙重角色，我把自己經歷的反思，收納在這個章節，並進一步邀請讀者一起翻轉對幼兒園的兩大迷思，並思考幼兒教育的本質。

迷思一：全美語幼兒園可以增加孩子的國際競爭力

過去語言學研究的沙皮爾—沃爾夫假說（Sapir-Wholf Hypothesis）發現，人類仰賴語言系統來建構認知世界的能力。換言之，不同語言反映不同文化生態的需求，也影響一個人對生活世界的分類與認知，例如愛斯基摩人對於不同類型結晶的雪有不同名稱，米食在中文裡也有多樣詞彙，但拿到其他文化與社會中，不見得有對應的名稱。換句話說，語言是一個人的世界觀，是限制，卻也是認知感官的基礎。

從這個觀點來看，將不懂美語的孩子送到全美語幼兒園，年幼的孩子在心理和人際互動上所經歷的「文化衝擊」，會引發難以名狀的衝突不安，更有礙孩子發展中文的互動溝通能力。課後補習安親過分強調美語的優越性並刻意輕忽母語學習，日常生活卻處於中文語境，這種「強迫式雙語」將會帶來相當負面的後果，造成孩子的學習障礙。在筆者的研究過程中，就見過低年級孩子看不懂數學考卷上「以中文寫成」的應用題，也見過孩子因為在全美語安親班的挫折經驗，每每見到金髮碧眼的外國人就害怕地低下頭來。這些父母知道原委後都後悔莫及，而孩子遭受的傷害，更不是一句「我都是為了孩子好」所能夠彌補的。

其實，在越來越全球化的未來，擁有優秀的在地語言能力，才是孩子在國際競爭的重要關鍵，與其讓孩子在年幼時進行沒有效率的美語學習，不如在家多以母語（台灣台語、客語、原住民語，甚至東南亞語言等等）對話，這才是真正的雙語環境，也才能真正培養多種語言的基礎與能力。家長作為孩子最親密的伙伴，與其讓孩子上全美語幼兒園，不如想辦法減少親職外包的時間，與孩子進行更多有質感的互動與對話，相信你會發現孩子的語言能力不斷在進步。

倘若非得學美語，必須注意教育環境的友善程度、是否會貶抑並排擠母語的學習，因為母語是建立家庭儀式的重要溝通工具。家庭研究文獻提出「家庭儀式」（family ritual）概念，意指只要有新生家庭成員誕生或加入，家人互動就會產生新的模式與次文化。這些次文化僅僅由團體內的成員共享，並可藉由儀式化成為家庭的某種日常，例如孩子的小名、經常收看的卡通人物代稱，或是週末的遊樂地點與活動等等，而母語則在這些家庭日常儀式中扮演相當關鍵的角色。唯有家庭成員才能理解這些專有的小祕密，而這樣的家庭儀式也能鞏固家庭成員的向心力與認同。

這正是「做家庭」的意義：一個家庭的凝聚，並不是依賴血緣或基因的相似度，而是家人之間的親密感。試想，如果親職外包了，如果母語說不好，如果孩子無法用好的中文向家人表達自己的傷心難過、雀躍興奮或是害羞不安，甚至無法聽懂阿公阿嬤的話，這些家庭儀式在溝通上就會較為艱難，家人關係的親密性也更難建立。

給孩子一點空間和時間，在他熟悉的家庭與語言裡建立他的小小宇宙吧！父母可以為孩子做的，是放下自己把語言能力當作競爭工具的焦慮，還給孩子鍛鍊母語的機會，讓他放心地表達自己。不管家裡是說台語、華語、客家話、原住民語或是東南亞語，若孩子在家中不需要長期以英語進行溝通，請先讓孩子好好建立他的母語世界，讓他嫻熟地運用一種語言系統，更適切地表達自我的喜怒哀樂，這有助於孩子發展成更全面的人，也鼓勵了孩子勇於表達自己。以母語溝通的基本能力，是父母送給年幼子女最好的禮物之一。

迷思二：蒙特梭利、華德福是萬靈丹

在台灣，金髮碧眼的白人經常等同於現代進步的象徵。過去電視上的成藥廣告不時出現白人扮演醫師護士來向台灣大眾推薦效果奇佳的藥物，由此可見一斑。同樣的文化迷思也出現在幼兒園的市場競爭，從命名（康橋、劍橋、牛津、哈佛、耶魯……）到教養哲學（蒙特梭利、華德福……），或是設備教材（使用美國小學教科書），或是教師組成（聘用外籍、金髮碧眼的教師），無一不是在迎合主流的教養價值與市場需求。對這些名詞一知半解的大多數父母，則在教養的洪流中載浮載沉，有些死命學習，自己殺出一條血路（自學、共學……），有些聽信人際網絡中的非正式權威訊息，更有許多無所適從的新手父母在一次次幼兒園參觀中磨練、積累出理解幼兒園的「知識庫」。

如同全美語的標籤，蒙特梭利這一塊金字招牌，在台灣的幼教界已經成為高貴的代名詞，坊間甚至還有「全蒙、半蒙」之分。這塊招牌標榜訓練幼兒生活自理，並衍生出多種教具的教學法，是台北許多私立幼兒園的主流。幼教界另一個新興的流行寵兒華德福則是厭棄升學競爭的家長追求的教育哲學：親近自然、不計排名，講求回歸質樸生活，台北市有不少父母甚至為了讓孩子就讀華德福幼兒園，選擇移居到其他縣市的學區生活。蒙特梭利與華德福成了幼兒教育的金字招牌，一旦加上這幾個字，收費便會跳級，而強調生活自理或是全人發展的理想，則吸引著家長不斷掏錢註冊明星幼稚園。

這些標榜特定教育理念的幼兒園並不是萬靈丹，因為每一個孩子都是獨特的。這些訴求固然吸引人，不過還請各位為人父母的讀者停下來想想，號稱蒙特梭利與華德福教育哲學的園所，是否適合你孩子的教養方式？你是否充分理解這些教養哲學背後的邏輯？每一家園所實踐理念的程度與訓練是否足夠？最重要的是，你是否認真觀察自己的孩子在幼兒園的生活，每一天是如何被對待、老師是如何回應孩子的各種行為？你又是否願意自己的孩子在這樣的方式下接受教育？也許，在多采多姿的幼兒園招生競爭中，我們該思考的並不是「最理想」或「最高級」，而是「最適合」自己孩子氣質的幼兒園。

孩子需要的不是經營，而是陪伴

行筆至此，我想起這幾年參觀的幼兒園和小學畢業典禮，除了驪歌已經不再是青青校樹而換成了五月天，畢業典禮的儀式元素仍和三十年前十分相似：以教育行政長官和老師威權角色為主角，由上對下行禮如儀的頒獎，感謝師長的言詞，以及樣板的學生表演。這些在在顯示了我們的教育系統對待兒童的態度並沒有多大的改變。仔細觀察幼兒園的畢業典禮，那可說是一場娛樂家長、滿足父母的成長秀，舞台上為了一段音樂不斷反覆練習舞步、細心打扮的孩子，台下爭相卡位、瘋狂追星攝影與指揮孩子看鏡頭的父母，構成一幅奇特的幼教風景。這值得我們重新思考：這場畢業典禮是安撫父母的表演，還是以孩子為主體的人生慶典？

近年來，哈佛教授蔡美兒出版的《虎媽的戰歌》，引起美國主流社會的震撼與討論。她宣稱中式的權威教養比美式的直升機父母更能培養出優秀成功的子女。蔡美兒擁有猶太裔丈夫和兩個優秀的女兒，之後她與夫婿又出版《虎媽的戰甲》一書以優越情結、不安全感以及衝動控制三種人格特質，論述華人與猶太人得以在美國社會成功的原因，書中相當程度肯定了華人與猶太人這兩種族裔的文化教養。

虎媽高舉的文化教養成功學，刺激了教養論述的討論，究竟當代父母教養子女的方式是不是一種過度干預？「養不教，父之過，教不嚴，師之惰」的中式傳統想法，是不是阻礙了孩子挑戰自己、探索新可能的機會？閩南諺語說的「打斷手骨顛倒勇」的智慧，在溫室中被保護得好好的孩子是否都無法獲得，變成不堪一擊的草莓族？最近，歐美社會又開始討論一九六〇年代風靡一時的「放山雞教養」（free-range parenting）。

放牛吃草，放雞奔跑，放下父母焦慮的心

放山土雞跟籠子中的飼料雞相比，誰的成長環境和身心狀況較佳？顯然，再優美寬敞的飼料場都比不上在大自然中自由走動來得快活，這就是放山雞教養的精神。在六〇年代，小兒科醫師斯波克（Benjamin Spock）亟欲跟大眾宣導兒童自主的重要性。當時美國父母為了避免孩子受傷，經常限制孩童自由，忽略了孩童心理狀態。他寫出一本據稱是美國史上最暢銷的育兒書籍《嬰幼兒照護指南》（*The Common Sense Book of Baby and Child Care*）[1]，提倡「盡可能最大化兒童的自由，讓孩子在空間時間上不受成人監視，並冒著可以接受的風險，自由發展成他想要的樣子，而不是一直處於無風險的環境」。這種精神與蒙特梭利講求的生活自理、華德福講求的全人發展及親近自然，其實相當接近，但本意是為了告誡那些廿四小時緊盯兒童的父母，盡可能放寬心情，讓孩子在有稍微風險的環境中享受無邊界的自由，因為放山土雞的身體與心理都能更健康地成長。

過往由大孩子照顧小孩子、讓年幼的孩子自行上下學，或是孩子幫父母跑腿買東西等離家自行探索的行為，在現代社會中只會被視為忽略孩童甚至不負責任。然而，我們即便無法回到過去那種令人放心的大環境，還是可以思考當代父母為了養育孩子而筋疲力竭地施肥、灌溉，這是否有必要？為了孩子安全而戒慎恐懼、寸步不離，又是否得當？適度放手讓孩子

註1　目前已出到第九版《全方位育兒教養聖經》（*Dr. Spock's Baby and Child Care: 9th Edition*）。

學會自己處理功課、自己整理房間，自己規劃度過漫長的暑假，是否可能？放山雞教養在現下的台灣也許無法一步到位地充分實踐，其精神卻打破一個教養的框架，讓我們得以回過頭來思考主流的虎媽教育、升學補習、過分結構化的童年，能否有調整甚至革新的可能。

放山雞教養不是要父母放棄對小孩的控管，而是回歸最小限度的控制。要實踐放山雞教養，除了父母要放手，讓孩子尋找自我的意義與本質，也需要整個社會國家與公民社區一起致力於打造一個健康安全飼養放山雞孩子的社會環境，這才是更值得努力的永續目標。畢竟，孩子最需要的，是父母的陪伴，不是經營；是能夠安全健康生活的社區，不是成人無時無刻的監控。讓整座城市成為孩子的遊樂場，讓整個社會成為孩子的幼兒園。我們不需要明星雙語幼稚園，只需要觀察與支持我們的孩子探索這個世界。希望有一天，這個超完美的都市傳說可以在台灣實現。

STATION 3-2

要上學還是共學？如何陪伴孩子繪製童年圖像

主婦聯盟環境保護基金會台中分會執行委員 **林芳如**

孩子兩歲多時，不願再去保母家，我跟先生又無法在家全職照顧，只能考慮去幼兒園的幼幼班就讀，我們也因此展開幼兒園的參訪之旅。

當時約四月底，幼兒園正不約而同準備著母親節慶祝活動，許多教學活動也都圍繞著母親節設計。這些活動強調母親「溫柔、愛孩子、奉獻」的特質，園內布置也以康乃馨為主題。師生忙著歌唱練習、動作排練、製作賀卡、錄製感言等。參觀幼兒園期間，聽到「母親像月亮一樣」的歌聲在至少三所幼兒園迴盪著，而園中孩子則從事著如出一轍的手作活動（製作康乃馨）、說出類似的感謝詞。

身為母親節的主角，除了心情受到勾動，還目擊了感恩心情的「生產線」：出身不同家庭的孩子，為了配合老師錄製母親節感言，玩耍被打斷，最後產出了千篇一律讚頌母親溫柔如月光的謝詞。這些標準化感謝活動的訓練過程與成果，著實令我感到無比尷尬。

儘管有此衝擊，孩子還是需要安置，最後也進入了幼兒園。幼幼班課程著重生活作息訓練，戒尿布與如廁練習是重點。孩子入園前，我們請老師不急著幫他戒尿布，因為在保母家的不愉快經驗，讓他連換褲子都有強烈不安。儘管已經事先溝通，我們依然很快收到老師對孩子脫尿布進廁所的「讚賞」。驚訝之餘，我們發現孩子回到家後對換褲子依然有高度焦慮。老師希望我們以正面態度肯定孩子的進步，但我們感受到的，卻是幼兒園重視齊頭式的發展表現。孩子的狀態遭歸納為不正常的行為發展，因此受到矯正與規範。在專業知識中，他不安的狀態並未獲得接納。

受到規範的自由

孩子願意入園之後，時常提到無法玩最吸引他的沙坑，也對空間環境的限制與生活規範感到疑惑。他提到：「為什麼一定要排排站搭火車才能上廁所，不能想上就自己去上？」「為什麼老師規定今天只能玩這些玩具，不能玩另一邊的玩具？」「為什麼不能讓我們自己玩？」對三、四歲的孩子來說，這些問題其實與「為什麼月亮大黑了才出現」「為什麼小雞從蛋生出來」一樣值得探究，可惜的是，在幼兒園裡，關於秩序管理的問題卻常被視為反抗的姿態或適應不良的徵兆，幼兒只能回家後找父母安撫受挫的心情，並尋求可能的答案。

家庭與學校是個人學習社會規範的地方，而學校更是個人社會化的第一個機構。父母當然也曉得，在幼幼班十五名、小中大班三十名的空間裡，就班級管理的需求，必須規範時間和空間的使用方式。幼兒園的生活環境，也得以維護孩童安全為主，教學導向則是適應成人社會的生活常規。因此，同步的作息、預先設計的環境與課程表，這些都成了現代學校的基本特色。然而在兒童的概念裡，玩耍與學習並非二分，也沒有優先性和時間先後的區分，但團體生活卻勢必讓每個孩子妥協部分的個別差異及成長需求。

法國社會思想家傅柯探討現代社會的權力形構時，聚焦於身體在日常生活實踐與機構組織中被支配的情形。他在《規訓與懲罰：監獄的誕生》中指出，現代的軍隊、學校、醫院透過經驗與計算方法控制人體，因此權力的施行不再是粗暴的壓制表現，反而是在時間、空間與活動安排上有嚴格的區分。這些區別使人們能有效控制自身肉體，而在控制訓練的過程中，人體也變得更為柔軟與順從。他稱這種高雅的紀律為「規訓的技術」，而施行規訓也正是權力的展現。

教育體制內常見的針對年齡與能力的分班，以及每個班級都有的作息表，也是規訓技術的展現。傅柯指出，十八世紀後開始使用「等級」來分配人在教育制度內的地位，因此學校的空間分配開始隱含著知識與能力，並從中展現分配者的權力。這套規訓技術包含細緻的規則、挑剔的檢查，以及對空間、時間與活動的分類安排。因此，學童進入學校後，也同時在時間與空間上接受分配調度，而這些安排都是有目的的。

我們兒時的玩耍，是由我們自己發動、自己定義，我們不守規矩地玩、放膽地玩、創天造地，並在玩樂之中挑戰自我，感受冒險的樂趣，進而培養出拿捏與他人界限的能力。然而，在幼兒園內，幼童的自由玩耍、午睡、如廁、喝水等，都會排入時間表。上廁所不只是應付生理需求，而是暗示你「該戒尿布」，是充滿矯正意涵的訓練。玩耍也不僅僅為了玩，而是為了學得更好。比如：夾衣夾的遊戲是為了理解動作協調的程度，故事時間是為了發展孩子的穩定度與專注度，自由時間是為了觀察同儕互動。課程設計納入許多有趣的體驗練習，但是活動本身同時也是為了評量孩子是否符合預期發展速度。

此外，基於安全因素，孩童要搭肩排隊上廁所、午睡只能側睡不能仰睡、洗手動作標準化以預防傳染疾病。孩童獲得的知識與機構制定的規範都強調動作有時間、方向與其他細節的標準，他們必須習得這些知識並內化。從傅柯對權力的觀點來看，幼兒園內的兒童是透過這些規訓技術而社會化的，他們的身體也不再是「洋溢動物精神的肉體」。這副自然的肉體透過知識的形塑，成為被馴化的，可接納特定秩序、步驟與結構因素操作，是「受到有益訓練的肉體」——權力透過規訓的技術，創造了柔順的身體。

覺察自己具備遊戲能力，可以說是孩子成長過程中實踐自我引導與創造的練習，配合共同的作息安排，也是幼兒學習適應成人社會的必經過程。可是，幼兒園卻經常導入過多的規訓技術，玩耍反而被定位為輔助學習的方式，並透過引導的步驟「安全地」執行，遊戲中最重要的「創造性」則在安全至上的管理方針中遭到抹殺。多數幼兒園標榜自由快樂的學習，然而，身體被馴化的孩子卻已經難以感受自由玩耍的快樂。

實體共學：反抗又具創造性的日常生活

為了讓孩子在童年能玩得痛快，我幾經掙扎，最後還是辭去工作，在家帶孩子。然而辭職後的生活卻有如噩夢！每天與孩子待在家裡，偶爾出門到公園，真是無聊至極。對照過去緊湊的上班生活，落差極大，讓我心情悶到極點。幾經尋覓，我終於在網路上找到有相同需求和理念的夥伴，一起共學共養，並建立了真實的人際關係。

參與親子共學團，對孩子來說，是為了讓他們放心地玩，而對父母來說，則是練習「放心」。所謂放心，是放下擔心，同時，對自己與孩子抱持信心。共學團的基本精神是讓孩子成為他自己。這句話看似簡單，但在實踐上，父母就得用平等的方式看待並同理孩子。因此父母必須先費勁抽離一些理所當然的看法和規則，嘗試理解並支持兒童在成長過程的需求。因此在遊戲時，要接受孩子在遊戲過程的各種嘗試，並交由他們自己判斷風險、發展承擔危險的能力。例如有次戶外共學，這群不到四歲的孩子把原本當野餐墊的厚紙板拿來作為滑板，在花台旁近五公尺高度差的斜坡上滑得不亦樂乎。那裡不是專為兒童設計的遊戲區，只是一般建築物階梯廣場旁的裝飾斜坡，在那裡玩耍雖不會妨礙行人，但也沒有任何安全設施。倘若大人只是以安全、不雅為由禁止孩子玩耍，便無法看見孩子大膽冒險卻又謹慎自創溜滑遊戲的創造力，也無法聽見孩子在紙板摩擦破損後熱烈討論如何繼續玩下去。孩子運用冒險的欲望，將成人意想不到的閒置空間轉換成極具趣味的遊戲場。至於一旁大人的任務，當然就是接受試玩的邀請，觀察並試著排解孩子搶玩的衝突，盡力維護讓他們放心玩耍的空間。

人類學家瑪麗・道格拉斯（Mary Douglas）在經典著作《潔淨與危險：汙染與禁忌的概念分析》中指出，一個東西之所以「不潔」，是因為無法以傳統分類標準歸類，衝擊了既有的社會秩序，因而被視為汙染，甚至是危險的。灰塵就是這種「不得其所」之物，反映出社會文化對事物的一套分類與象徵系統。地上很髒，不能爬；石頭很髒，不能摸。當今社會對孩子該在哪裡玩、如何玩，甚至怎樣玩才是合宜適當，均有一套既存的價值評斷。

然而，在共學時段中，我們這些家長共讀了兒童發展與人文社會科學理論，才了解到（也回想起）兒童是用觸覺、嗅覺與味覺來認識世界，更了解到讓孩子自由選擇活動的必要。因此，我們放心讓嬰孩在地上爬行，撿拾樹葉石頭咀嚼。父母並不一味以「骯髒」「危險」的保護姿態否定孩子自我引導的行動，反而是在旁觀察靜候。當我們以行動支持孩子遊戲與探索的欲望時，不僅看見了孩子玩耍時各種開創性的嘗試，其實也在挑戰自己對「潔淨 vs. 髒汙」、「危險 vs. 安全」的既定認知。

觸及社會規範的教養困境

那麼，難道孩子只要瘋玩，都不用學習生活常規嗎？

在共學時，孩子的自主性與社會規範的衝突常是照顧者與領隊的討論重點。以「打招呼」的教養討論為例，我們會一起思考，孩子通常是在怎樣的情境下被要求打招呼，又為什麼要打招呼，並討論何謂「禮貌／不禮貌」。我們常在討論中回想起自己過去是如何面對社會壓力，進而同理孩子在自主性與社會規範之間的感受。例如，從孩子的角度來看，那些與父母相熟的朋友只是高大的陌生人，而且，雖然可能是好意，但是經常不經我同意就摸了我的頭。因此孩子可能會因為羞怯、害怕、不舒服而不想打招呼，即便屈從於父母壓力而開口，也不會是真誠、愉快的。從孩子的立場出發來討論，結論就不會落在應不應該打招呼，而是應該先讓孩子反應他的感受，再確認怎樣的相遇方式能讓孩子跟對方都感到舒服。於是，只要觸及與社會規範相關的教養困境，我們便學會要先與孩子核對感受，接著跟孩子討論情境下可做的各種選擇與結果，以此支持孩子的自主決定。

因此，在共學中討論教養，就不會只是「要怎麼調教」的方法交流。透過閱讀與分享生命經驗，照顧者反而能逐漸認識自己與孩子日常生活的微妙困境，並透過同理孩子的處境，了解到社會是自由與權力的來源。如此一來，個人面對社會規範時便能從順從與抵抗的二元選擇中解放，生活常規不再是片面決定的規範，而是基於平等的精神，雙方共同討論協商，建立與維繫社會關係的機制。從這個角度來看，帶著孩子「入世」的共學，確實比幼兒園的環境更趨近自由。

在玩耍中感受自主的童年

人類是群居的動物，無論是進入幼兒園或是揪團共學，都是孩子進入團體生活的起點。在思索父母的角色時，或許更重要的是，先回想自己童年自由遊玩帶來的深刻感受。身為照顧者，又如何在投入工作時讓孩子有遊玩、探索以及充分與他人互動的環境。

自由玩耍在人類社會存在已久，正因為它無涉物質利益、發自內在趨力、不受限於道德與客觀的需求，因此超脫於現實的社會秩序而使人感受到真實的自由。無論是選擇進入幼兒園或是加入共學團，我們能做的，或許是降低玩耍的功能性，協助擴大孩子自由玩耍的空間，讓玩樂僅忠於玩樂的需要。因為，玩耍就是做自己喜歡的事，透過感受玩耍中的自由，充足盡情玩耍的勇氣，孩子才能在自主的探索練習裡發掘生命中有熱情的事物，然後成為他自己。

STATION 3-3

放學後是競賽還是凌遲？——台灣兒童才藝補習與教養邏輯

輔仁大學社會系助理教授　**石易平**

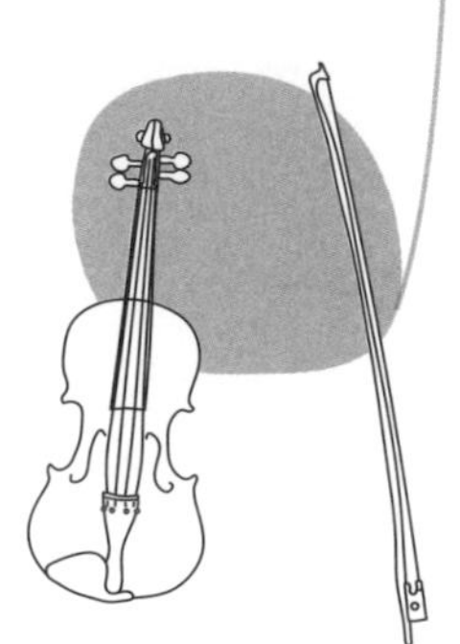

回想我們這個年代的童年，放學以後不是沿途閒晃、對著天空發呆，就是跟同學邊嬉鬧邊追打，甚至刻意繞遠路回家。現在，如果你找一個週間的午後四點，觀察台北市國民小學學童的放學光景，你會看到外籍看護移工在校門口等著接小孩回家，大大小小的遊覽車與安親班老師接走成群的孩子，把沉甸甸的書包換成了另一套印滿補習班行號的背包。

那個羅大佑描述的童年，到哪裡去了？那個會相約到附近空地打棒球、在社區巷弄閒晃的大雄與技安，到哪裡去了？那個可以纏著爺爺買冰棒，或是和全家一起吃晚餐看電視的櫻桃小丸子呢？那個可以慢慢觀察、發呆幻想、想像長大的童年歲月，如今已經被理性化的效率行事曆所淹沒，在大型連鎖補習班的長時間管理下，失去了在社區巷弄裡親近與探索都市生活的樂趣，在父母過長工時的剝削勞動條件下，在地方政府延長到七點的課後照顧中，我們的台灣之子失去的不只是與家人同桌歡笑的晚飯、一點追尋自我的空白時間，而是更多無以名狀的童年生活。

過去十五年，儘管大學錄取率已經超過九成，升學壓力卻不減反增，台灣合法註冊的補習班數量，更從五千多家暴增為近兩萬家，其中有近三分之一集中在台北都會區。孩童課後活動的安排成為台灣父母實踐親職的嚴肅課題，東亞國家如韓國的 Hagwon（私人校外輔導機構）、日本的 Juku（學習塾），甚至美國亞裔社群的 cram school（填鴨補習班），近年也越來越受重視，教育與家庭社會學家更將這樣的課後活動視為強化階級不平等的案例。在這個章節，我想以研究者與母親的雙重身分，帶著大家鳥瞰台灣補習才藝的整體風景，並分享身為母親的實踐與反思。

父母透過課外活動，強化階級複製

研究代間階級複製的美國社會心理學家科恩（Melvin Kohn）在一九七〇年代提出著名研

究，他發現父親在職場的階級位置會影響在家教養孩子的價值觀。例如勞工階級父親因為工作大多得服從權威，所以偏好教導孩子服從。反之，中產階級父親因為工作時被期待自主獨立做決定，所以偏好教導孩子獨立思考。職場的階級文化與價值溢出到家庭私領域，再一代傳一代，成為世代間階級複製的重要機制。近年來，社會學家拉蘿（Annette Lareau）的得獎著作《不平等的童年》使用民族誌進一步觀察美國父母的親職實踐，進一步支持科恩的學說，指出美國中產階級擁有精心擘劃的教養邏輯，傾向以說理與詳加計畫的課後活動來培養孩子的自尊自信；勞工階級家庭則採信自然成長教養，孩子與大人的世界較為區隔，課後時間大多與家庭親人共享，在面對權威時就顯得束手束腳。兩位社會學家都指出了教養有明顯的階級差異，而這種差異又會一代代複製。

那麼，台灣有沒有類似的模式呢？二〇一四年，我採用《台灣青少年成長歷程》的長期追蹤資料分析發現，台灣父母在教養價值上確實有類似的差異，勞工階級偏好服從外在權威的教養價值，且較少實踐民主教養；中上階級強調培養孩子獨立自主，並有較多民主風格的教養實踐。此外，在影響課後活動參與模式的分析因子中，父母的社會經濟地位、文化資本、家庭平均收入、孩子的學業成績，以及是否為長子長女，更顯著影響課外活動的參與量。

研究細分了七種課外活動，建構出相當有意思的課後活動圖像。首先，在音樂、書法、舞蹈、藝術、棋藝、體育活動與電腦課中，哪一項是最強大的社會階級指標呢？熟悉台灣兒童教養實踐的父母應該不難猜出，是以西洋古典樂器學習為主的音樂課。白領家庭子女上過音樂課的比率，是勞工階層家庭子女的兩倍，也是七項活動中唯一與家庭收入顯著相關的活動，顯示兒童音樂課程是台灣家庭經濟狀態與階級地位的重要指標，且有形成中上階級次文化團體的傾向。

七項課外活動中，哪一項與家庭的社會經濟地位毫不相關？答案是體育活動。在歐美，體育產業盛行，體育活動成為菁英子女的競爭場域，但在體育專業不發達的台灣，兒童參與的體育相關活動大都以健身休閒、放鬆壓力為目的。換句話說，帶著孩子學音樂，接觸到的家庭大都會是有女兒的中上收入家庭。但是帶著孩子參與體育活動，看到的則是多元的社經地位。在台灣，男生女生都有的體育項目才是跨越社經地位的課外活動。

課外活動的性別差異

音樂和體育的課外活動除了表現出階級差異，性別差異也相當明顯。女孩上過課外音樂訓練的比率是男孩的五倍，而男孩上過校外體育活動的比率幾乎是女孩的兩倍。出乎意料的是，性別差異最明顯的，並不是音樂與體育活動，而是舞蹈與棋藝課程。在我分析台灣青少年生命歷程調查的資料中，男孩參加過舞蹈課的比率是女孩的八．五%，幾乎不到一成，但男孩參加棋藝訓練的比率是女孩的三．六倍。台灣父母將舞蹈等具有美感的肢體訓練視為女兒專屬的教養，將具有智力、記憶力與高度競爭的棋藝訓練歸類為男性。課外活動作為培養性別氣質的機制，值得當代年輕父母深思。為什麼兒子該學競爭而不是學跳舞？為何女兒不能進入鬥智的棋藝世界？而這樣的「實然」是否為「應然」？

理性化的童年時光

當我進行家庭訪談時，常常發現掛在冰箱上的家庭日曆是家中最重要的生活元素，上面詳細記載了孩子大大小小的課外活動行程，以及爸爸媽媽為了應付這些教養需求而必須組織的協力人手。受訪的媽媽帶著計算機前來，笑著說妳一定是要問補習和安親花了多少錢吧？她遞來一張補習班的繳費通知單，上面赫然列著孩子的晚餐費用。二〇一四年，新北市教育局開始將公立國小課後輔導時間延長到晚上七點。二〇一六年，充斥科技新貴與爆肝工人的新竹市教育局也開始跟進，並宣稱是為了減輕家庭負擔。

身處這樣的時空，我開始感受到這些孩子的童年時光就被困在競爭的理性化牢籠裡。如溫水煮青蛙一般，我們開始慢慢放棄和孩子相處的時間，慢慢放棄享受一頓家庭晚餐的可能，成就每天晚上在辦公室看著電腦螢幕吃飯加班的父母，以及托付給安親班和測驗卷一起吃晚餐的孩子。也許有人會說年輕就是要拚事業啊，不然還能怎麼辦？但我們不妨想想，愛拚才會贏的勞動條件終究成就了誰？又犧牲了誰？問問在安親班度過週間晚餐時光、使得「家」成了旅館的孩子。訪談過程中，許多父母打算讓孩子在上國中前學完國三英文，這樣孩子就可以在國中專心學習其他科目，因此為國小高年級的孩子安排補習國中英文。「要把握住黃金童年學習的窗口」，這樣的效率論是許多父母面對升學競爭的理性考量。於是孩子變成了學習機器人與趕進度的受害者。而輸人不輸陣的從眾焦慮，則賠掉了孩子可以好好適性長大的從容，那份可以發呆的簡單與從容。這是成年後再難找回的素質，而身為父母卻以自身對未來競爭的焦慮，硬是澆熄了那份能夠協助孩子面對自我與世界、思考未來與生活的餘裕。

我很想書寫一份擬似馬克思共產黨宣言的文告，宣告台灣的父母：台灣孩子的童年已經被理性效率競爭的陰霾籠罩，需要革命性的解放。這個理性化的童年時光，如同巨大的牢籠結構，同時殘害親子和家庭，將孩子的時間運用區分為「學習 vs. 浪費」「有用 vs. 無用」，家庭的時光、親子的互動休閒，甚至放學時間的閒晃，都成了有害的、懶散的、應當去除的元素。我們為了應付自己心中對孩子教育競爭的焦慮，給了孩子緊迫的無趣人生。但是，這份焦慮其實還有另一個出路，那就是去挑戰學校教育系統，去改變當前仰賴安親班才能讓孩子完成回家作業的扭曲生態。

建立協力網絡，挑戰主流親職

因為研究這個主題，常常有朋友對我說：那妳應該會是「好媽媽」，現在就知道怎麼規劃妳孩子的時間嘍？坦白說，我依然與新手爸媽一樣惶恐。在台北的水泥叢林中爬上爬下訪談了三十對親子之後，我聽了太多恐怖故事以及親子之間的僵持，而最恐怖的並不是針鋒相對、大哭大鬧的母子，而是對自己的生活與時間安排沒有想法、沒有好惡，大家都說好乖的那個順從大人安排的孩子。常常，那是個為了父母的方便而壓抑自己的孩子。

但日常的親職實踐就是一種政治。也許我們難以撼動整體勞動條件，但我們可以努力讓身邊的人（包括老闆）了解，工作場所的各項規定該怎麼變更才會對有孩子的家庭更加友善。也許我們無法送孩子去念森林小學，但是我們可以拒絕參加營利的安親班，讓孩子帶著自力完成、不完美的作業去學校，讓老師知道他哪些地方需要加強，也提醒老師回家作業的意義。而對抗主流親職與教育環境帶來的競爭焦慮，單靠父母的單打獨鬥難以完成。誠如美國社會學家韓森（Karen Hanson）所發現，即使在強調核心家庭意識形態的美國，孩子也是在許多親人、鄰居、父母好友的協力網絡下才得以健康長大，父母也才能得到身心平衡的家庭生活。

也許下次，先坐下來觀察，甚至與孩子一起討論他想要怎麼樣的課後時光？答案也許不是你給定的選項，也許你會得到一篇作文，甚至一幅畫、一個戲劇表演。各位舅舅叔叔阿姨姑姑阿公阿嬤，你也可以試著讓孩子焦慮的爸媽思考另一種教養的可能。無論如何，當大人學習放下執著，與孩子建立更好的對話，這會是共享未來家庭生活的嶄新開始。

幼兒聽不懂，還是父母不會講？——淺談幼兒的性／別教育

宜蘭親子共學團領隊、親子共學教育促進會執行祕書　**陳玫儀**

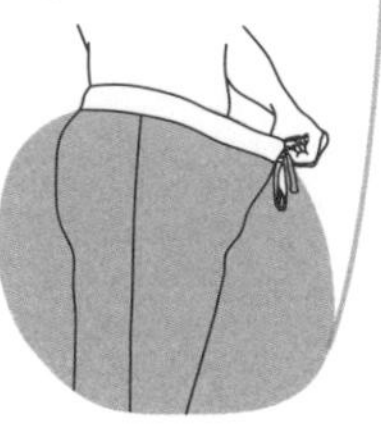

我的性啟蒙開始得很早，第一次有記憶的自慰發生在幼稚園大班，自慰對當時的我來說就像第一次嚐到糖果的愉悅。我不知道當時的狀態是否可稱為「快樂」，但可以確定的是，我喜歡這個感覺。不過這種喜歡的感覺沒多久就被父母「抓包」，並加以禁止。此後，自慰就如同被父母威脅吃糖會蛀牙那樣，失去了純然的愉悅，多了一份罪惡感。直到我上了大學，都還無法用正面的態度來回應自慰帶來的愉悅。童年的這個經驗，讓我體認到父母親對於孩子如何看待身體與性有關鍵性的影響。

美國小兒科學院（American Academy of Pediatrics，簡稱ＡＡＰ）發表的一篇有關自慰的文章中提到，「五歲以上的孩子會發生自慰行為是相當普遍且正常，幼兒園、學齡前的孩子甚至會開始探索彼此的身體，包括他們的生殖器。」ＡＡＰ的文章也提醒父母親，「與孩子討論自慰的行為時，不要將此行為標籤為骯髒、邪惡或罪惡的，因為這些會導致孩子對自慰的行為產生不可見人的罪惡感，而這個罪惡感無益於他們對性的認知發展。」

因此我的幼年經驗使我相信，性／別教育不是從國小開始，而是從家庭開始，而且要從學齡前的幼兒開始，因為當孩子開始學說話、學走路，他們同時也開始學習認識自己的身體了。

學齡前幼兒性／別教育內容可以有哪些？

性別差異是社會建構出來的產物，進行性／別教育勢必得先了解這些社會規範背後複雜的意識形態與操作方式，但我認為父母要跟學齡前的幼兒談解構或再建構性／別是相當困難的事，因此，我認為幼兒的性／別教育可以從協助孩子確認自己的身體感受開始，練習不把自己對性的態度強加在孩子身上，更要敏銳地分辨社會上不經意傳遞給孩子的刻板印象或是錯誤訊息，以不閃躲的態度在孩子最熟悉的日常生活場域裡討論跟性／別相關的問題。以下內容我想以我與女兒在日常生活中所進行的性／別教育內容做簡單分享。

女兒第一次的性探索：兩歲三個月

我女兒對性的探索始於兩歲三個月。有天晚上她洗完澡躺在床上，突然伸手觸摸會陰部，臉部表情看起來相當享受。我看到後沒有阻止或是打斷她，也沒有露出驚訝或嫌惡的表情，而是讓她盡情探索，並跟她說：「要輕輕地摸，如果有人要摸，必須經過妳的同意。」她每一次進行，我都簡單重複這句話。有一天，她在觸摸會陰部時突然說：「髒髒的！」我問她：「誰跟妳說髒髒的？」她回答：「老師說的！」我一聽立即回應：「會陰部沒有髒髒的，是我們的手髒髒的，所以，要摸之前把手洗乾淨就好。」

幼兒在進行性探索時，成人給予的回應，從聲音、文字、表情及態度，都會影響她/他們對性及身體的態度及想法。如果成人一開始就使用負面的語言，或是出現驚訝、不可置信、責罵、制止的反應，性探索自然就成了汙穢、不被接受的行為，這會使得幼兒疏離自己的身體，漸漸失去探索的興趣及能力，最後對自己的身體或性需求一無所知，甚至是漠視、壓抑。事實上，性探索可讓孩子了解自己的身體，感受身體的需求，然後學習回應身體的需求。這個過程能幫助孩子認知到性是身體需求的一部分，而不是碰到性就連結到骯髒、噁心，進而發展出對性的假道德。所以，如果巧遇正在性探索的幼兒，不妨就在旁邊哼哼歌，營造美好的氛圍即可！

「媽媽，我是男生還是女生？」：兩歲十一個月

我還記得產檢時，醫檢師問我：「想知道寶寶的性別嗎？」我回答：「不想知道，也不需要知道。」醫檢師一臉驚訝地問：「那妳怎麼準備寶寶的衣服？」我回答：「他／她穿什麼都可以啊！」我當然不訝異她會這麼問，因為在我們的社會裡，寶寶一出生，所有裝扮、期待、規範，也就隨著她／他的生理性別而定案，也等著受到檢視，而我也早就準備好回答女兒對生理性別的提問，只是沒想到這一天來得很早。但其實AAP於二〇一五年發表的文章〈孩童的性別認同發展〉（*Gender Identity Development in Children*）就已明白指出：「三歲以前，孩子就已經意識到男生與女生在身體上的差異，也能清楚辨識出自己是男生還是女生。」

兩歲十一個月時，女兒雅絲米娜問我：「媽媽，我是男生還是女生？」我回答：「妳想當男生還是女生？」她說：「女生。」我說：「好啊，那妳就是女生，等妳想當男生時，妳也可以當男生。」我知道對很多人來說，生理性別是「客觀認定的事實」，沒有自主決定、發展的空間，但對於我而言，我更在意孩子的「心理性別」，在意她「主觀認同的想望」，那是一個可以自主決定、自行發展的認同過程。所以我不問孩子「妳覺得妳是男生還是女生？」而是「妳想當男生還是女生？」我關心的是她的認同，而不是她的認知。支持孩子的性別認同，是成人真正學習尊重及接納多元的起點，並進而支持孩子生而為人的價值與權利。

「這是我的身體，別人要摸要經過我的同意」：三歲五個月

三歲以下的幼兒是人人愛摸的階段，也是最適合培力身體自主權的好時機。台灣社會習慣運用肢體動作來展現對孩子的善意，人們見到可愛的幼兒經常不自覺地以摸頭、摸臉頰、輕碰手臂來向孩子示好。但這些看似無傷大雅的示好行為，很可能正一點一滴吞噬孩子萌芽中的身體自主權意識。女兒在三歲以前，我會經常問她：「我可以親親妳、抱抱妳嗎？」當她說可以，我才會親吻及擁抱她；當她拒絕，我會立刻停止、放手，並跟她說：「謝謝妳告訴我妳不喜歡這樣。」我期待藉由這種方式教導她，即便是最親密的人要碰觸她的身體，都必須先取得她的允許，同時也希望她能從我的反應中學習到說「不要」是非常重要的，值得獲得尊重及讚賞。

很多人會問：「孩子這麼小，他/她真的聽得懂嗎？」我還記得在女兒三歲五個月時請我唸繪本《不舒服的感覺》，我們一邊唸一邊對話。我問她：「為什麼言言（故事裡的男主角）不喜歡小強哥哥摸他屁股？」女兒回：「因為他有不舒服的感覺。」我繼續問：「那如果有人摸妳，妳也有不舒服的感覺，怎麼辦？」女兒回說：「我會說你不要摸。」我問：「為什麼不要摸？」她回答：「因為這是我的身體，別人要摸要經過我的同意。」

對我而言，孩子聽不聽得懂，不是性/別教育過程中最該擔心的事，重要的是我們是否善用日常生活的互動，持續跟孩子對話與討論，讓孩子在最自然的場域裡建立身體自主權的

意識：任何人要摸我的身體，都要經過我的同意。

除了跟孩子持續對話、討論，父母的實踐態度也會決定孩子建立身體自主權的深度及強度。試想一種情境：當其他成人觸碰自己孩子的頭、手、臉頰時說：「妹妹／弟弟好可愛喔！」孩子可能不自覺地撥開對方的手或是閃躲到爸媽身後，這時對方可能會說：「怎麼那麼小氣！」身為父母的你／妳要如何回應？妳／你會說：「沒關係啦！這是叔叔、阿姨，借摸一下！」還是「叔叔、阿姨是因為喜歡妳／你，才會摸你／妳」？不要期待孩子在這個年紀就有足夠的勇氣及能力拒絕成人的觸碰，但我們一定能從孩子的細部反應看出孩子的意願。就社會學習理論而言，二至六歲幼兒時期，孩子是藉由觀察父母和其他成人的行為，學習認識正確、適當的行為，因此身為父母的我們如果觀察到孩子的不悅，請以實際行動支持並協助孩子表達感受，也許只是一句「不好意思，她不太喜歡被摸」，都會增長孩子拒絕的勇氣。

「阿姨，怎樣才能生一個小寶寶？」：三歲八個月&四歲十個月

很多父母認為自己的性／別知識不夠豐實，碰到上述問題便不敢隨便回答或是經常支支吾吾、態度退縮。其實，只要成人正面跟孩子談性／別，孩子就不會以訕笑、羞恥的心態來看待相關議題，就算父母當下無法給予完整的答案，孩子也會帶著正面的態度去求知。某天，三歲八個月的雅絲米娜和四歲十個月的好友又又跟我說要生小寶寶。又又問我：「阿姨，怎

樣才能生出小寶寶？」我回答：「需要一顆卵子加一個精子，結合在一起游到子宮內住下來，然後寶寶才會在子宮裡長大。可是只有男生有精子，只有女生有卵子。」雅絲米娜接著說：「啊，是喔？可是我自己想要有精子和卵子。」我追問：「妳是說妳希望自己就可以同時擁有精子和卵子嗎？」她回說：「對啊！」（我當下也覺得這樣生小孩方便很多）又又繼續說：「可是，我想跟雅絲米娜一起生小寶寶。」我問：「妳是說女生跟女生一起生小寶寶嗎？」又又回：「對啊！」我說：「也是可以啊，不過還是要去找一個精子，然後可以跟雅絲米娜的卵子結合在一起，放到妳的子宮內，這樣妳們就可以一起生小寶寶了！」兩人似乎很滿意我的回答，於是笑了笑，繼續玩水去了。孩子的問題真的很直接，大人要做的也就是直球對決而已！

幼兒性／別教育的素材：繪本

很多父母會問：「我可以去哪裡找素材來教孩子有關性／別的議題呢？」其實日常生活中可用的資源俯拾皆是，包括：電視卡通、電影、廣告看板、婚喪喜慶的宴席、廁所標誌等等，但是最不受環境、時間、經濟限制的，應該就屬繪本了。專為青少年書寫故事、繪畫的大井黛比（Debbie Ridpath Ohi）在〈繪本為何重要？〉（*Why picture books are important?*）一文中也指出繪本的重要性[1]：一、繪本能幫助孩子發現自我以及世界。二、繪本能提供較安全的環境以傳達複雜的概念。三、繪本能建立孩子批判性思考的能力。「單親媽媽和她的小孩」部落客周雅淳就認為，性／別教育不一定非得從當代「政治正確」的繪本下手，最有效的，反而是從孩子喜愛、熟悉的童話故事著手，才不會落入教條式的說教。因此經典童話如花木蘭、睡美人、白雪公主一樣可以進行性／別教育，例如跟孩子談花木蘭要做哪些改變才能融入軍中而不被識破（陽剛特質）？為什麼睡美人只被王子親一下就決定要嫁他，這不危險嗎（情感教育）？白雪公主結婚後，為什麼一定要住到王子的城堡，而不是跟七個小矮人一起住在森林裡，享受無拘無束的生活呢（妻從夫居的慣習）？其實，只要練習戴上性／別的眼鏡，任何童書都可以進行性／別教育。

幼兒性／別教育的首要之務，在於鼓勵孩子表達出身體的感受，並且接納這種感受。父母與孩子一起討論，給予孩子足夠的空間慢慢發展出自己對性的態度、立場與認同。性／別教育不是父母把自己的價值觀強加在孩子身上，而是陪孩子一起發展出對話與討論的能力，建立一種面對性不扭捏、不害羞的態度，再善用幼兒喜愛聽故事的特質跟孩子一起討論，這就是幼兒性／別教育的價值與意義了。

註1　她列舉的繪本有：《誰來參加母親節派對？》（談同志家庭）、《我只有一個媽媽，但那樣就夠了》（談單親家庭）、《頑皮公主不出嫁》及《紙袋公主》（破除性別刻板印象）。

STATION
3-5

兩個媽媽，與她們的孩子——女同志家庭生活實作

台灣同志家庭權益促進會資深組織工作者　**曾嬿融**

在風和日麗的週末假期，幾個家庭相約出遊，帶著孩子前往動物園，或是驅車到野外露營。當你走近才發現，這些家庭中，你看不到一男一女的傳統「父母」，而是兩個爸爸或是兩個媽媽。這些再平凡不過的家庭，正是同志家庭；這些再平凡不過的場景，正是許多同志家庭的日常。

近年來，台灣有越來越多同志成家，甚至生養小孩。儘管同性婚姻在台灣尚未合法，他/她們仍懷抱著極大信心和熱情生育子女，並組織社群。他們定期而密集地聚會、出遊，分

享彼此的親職經驗，也討論應對社會的策略，更讓孩子透過親子共學，建立同儕情誼、互相支持。

然而，當今台灣社會對同志家庭的認識仍然淺薄。由於不理解而引發的憂懼多數集中在親職教養的面向，例如：同志怎麼可能生出小孩？有了孩子後，如何與雙親建立連結？同志能夠成為好家長嗎？非一男一女的家庭組合，是否會混淆孩子的性別認同？孩子在這樣非典型的家庭型態中成長，能夠快樂嗎？

面對這些提問，本文希望以五個女同志家庭的生活經驗來回答。貼近這些非典型家庭的生活樣貌，或許能夠開啟我們對同志家庭的理解和想像。

同志怎麼可能有小孩？

就生孩子這件事來說，女同志可能是最具創意的一群人。正因為不經由性交懷孕，女同志在生育前會更悉心準備前置事宜。她們到國外向精子銀行購買精子，有的會特別挑選與伴侶相似的身體特徵，如眉毛弧度、鼻子形狀等，以拉近與孩子的生理親近性，更形塑一家人的形象認同。

有些女同志伴侶為了共享孕育孩子的過程，會採用試管嬰兒胚胎植入技術（簡稱

ＩＶＦ），例如楊楊和袁袁，便是把袁袁的卵子取出，在試管中受精後植入楊楊的子宮內懷孕。這種「A卵B生」的方式，讓孩子與兩人都有生理上的連結。

小阮和阿鼓則使用阿鼓弟弟的精子與小阮的卵子，如此小孩的樣貌與血緣便能跟兩人產生實質交集。華人社會重視血緣，這樣的做法更有助於得到原生家庭的支持。

國外學者指出，女同志的身分往往會破壞她們與原生家庭的關係，但「成為母親」卻可能修補或扣緊此一關係。在上述故事中，阿鼓的父親原先並不贊成女兒的同志關係，甚至在她婚後的年夜飯桌上將兩人趕出家門。但孫子糖糖出生後，他多了「阿公」這個新身分，逢人便開心地介紹：「這係阮孫！」同志女兒，已不再是重點。

是媽媽還是爸爸？

跟異性戀家庭一樣，同志家庭也會建立自己的親屬系譜，並安放稱謂。比較特別的是，在同志家庭中，稱謂不僅僅是單向的文化給定，也是透過親職互動確立家人關係的重要過程，更是對外呈現家庭樣貌的重要策略。前述的楊楊和袁袁外表都很女性化，她們在孕前就約定，日後孩子稱楊楊為媽咪，稱袁袁為媽媽。她們的考量是「讓家裡只有一個媽媽」，將來孩子向其他人談起自己的家庭時，便能符合一般人「只有一個媽媽」的家庭想像，讓孩子避開不必要的困擾。至於「多了一個媽咪」則是多得的。若孩子問起「爸爸」，基督教信仰深厚的楊楊、袁袁就跟孩子說：「我們有天父爸爸。」

稱謂不僅呈現家庭關係的輪廓，也標示出孩子對家長的認同內涵。當家長的親職實作得到孩子的肯認，孩子就給出相應的稱謂。前述的阿鼓和小阮是一對踢婆風格強烈的伴侶，阿鼓身為餐廳主廚，平日忙於工作，假日有空才能載全家出遊，因此打理孩子三餐、接送上下學或說睡前故事的工作多由小阮擔任。阿鼓希望孩子喊自己「媽媽」，但是兩歲多剛學會說話的糖糖在看了一年多的巧虎幼教節目後，有一天開口問小阮：「阿鼓是不是爸爸？」小阮回答：「阿鼓是媽媽，也是爸爸。」之後糖糖就改口叫阿鼓「爸爸」。

某些人誤解同志家庭的孩子會性別認同錯亂，然而，糖糖清楚知道爸爸阿鼓是生理女性。在此，糖糖給出的稱謂並非對應於生理性別，而是小阮和阿鼓的親職實作。媒體傳播的縱然是主流異性戀家庭觀念，但孩子並不只是被動吸收，而是發揮辨認能力來轉化既有概念，再對應到自己的家庭關係。小阮也從不避諱和孩子討論家庭組成，常把握機會進行多元性別教育，帶孩子理解各類家庭樣貌。很清楚的是，小阮和阿鼓的家中不是兩個媽媽，而是一個拉爸，一個拉媽。

楊楊和袁袁也堅持對孩子清楚說明自己的家庭組成。當孩子還小，她們便向孩子描述懷孕和生產過程：「很久很久以前，你們住在媽咪的肚子裡面，後來我們到加拿大把你們從媽咪的肚子裡抱出來，再放到媽媽的肚子裡，直到你們在媽媽的肚子裡長大，裝不下了，媽媽就把你們生出來。」

許多同志家長堅持對孩子坦承一切，除了以身作則教導孩子誠實，更是為了讓孩子對自己的家庭有清楚的理解，進而產生信心和安全感。

做更好的家長

然而，同志「夠格」承擔親職嗎？事實上，同志家長正因對主流社會的評斷了然於心，往往會更善盡親職。

凱特是獨力撫養孩子的拉媽，原本從事會計工作，收入穩定。但生下孩子後，為了花更多時間陪伴孩子成長，她辭去工作改在家中做手工藝品維生。孩子就學後，她全程入班當愛心媽媽，與學校師生及家長互動頻繁。對她來說，「陪伴」是養育孩子最重要的核心內容，而陪伴之所以如此重要，正是因為她深知社會偏見。她說：「我們要比一般的家長更努力。不是努力賺錢，而是努力陪著孩子讓別人了解我們、接受我們。」以陪伴孩子來翻轉社會對於弱勢家庭的刻板印象，這是凱特對於主流社會偏見最強力的抵抗。

華人社會中，家庭的價值往往與孩子的表現相連，因此許多同志家庭以實際的教養行動展現自己的家庭價值。換句話說，就是「把孩子教好」。小阮的表姊原本反對小阮生育後代，認為女同志家庭不健全，這樣的家庭對孩子不負責任。但七年過去，小阮的表姊在每一次的相處中發現糖糖尊重人、性格開朗大方，還會幫忙做家事，因此態度轉為接受和支持。在「女同志母親」這個身分下，無論要證明自己是適任母親，或者想樹立不同的母職典範，都得花更多心力回應主流社會的質疑，以符合主流價值的親職實作來證明自己是「夠格家長」。這樣不間斷的證明過程，其實充滿了壓力。

脫離與無法脫離的高風險名單

除了日常表現，孩子的在校表現也成了檢驗同志家庭的指示劑。當孩子的課業或才藝表現良好，同志家庭可以暫時逃過檢視或質疑。但是當孩子的表現不符合主流標準，其非典型的家庭型態就會遭非難、被歸因，並回過頭放大孩子的缺失。此時，同志家長也會產生「同志自責」，質疑自己的性傾向是否正是引發一切不幸的主因。

子葉離婚後帶著兩個國小的女兒和同性伴侶組織家庭。由於深知自己的家庭型態可能會被學校列為高風險家庭，為了避免孩子在校行為稍有閃失就被貼上標籤，她特別花心思輔導孩子的才藝表現，讓孩子傑出到足以代表班級、學校參加各項藝文競賽。她說：「只有孩子得到越多讚美，我們的高風險才會自動降低跟退燒。」對許多同志家長來說，孩子的學業成就不單只是父母對子女的期待，更是為了保護孩子在學校不受到偏頗對待，甚至在面對旁人的質疑時，能理直氣壯地捍衛自己的家庭價值。

然而，不是每個家庭都有足夠的資源及幸運創造優勢。外表中性的阿默剛畢業就到工地當水泥工，年紀輕輕就結了婚，有兩個小孩。後來丈夫入監服刑，她毅然離婚，帶著兩個孩子和另一位也有兩個大孩子的拉媽組織家庭。日子雖然辛苦，她仍然相當在意孩子的學習狀況。可是在談到大兒子翔翔的求學之路時，阿默語氣充滿心疼。翔翔個性木訥害羞，因為動作慢、個性憨直，阿默擔心他跟不上同學的進度，所以在翔翔剛入學時就客氣地讓老師知道自己是單親家庭，希望老師能對翔翔稍加關照。沒想到，老師卻從此認定翔翔是問題學生，常當著全班同學羞辱他，甚至在阿默伴侶的大兒子帶翔翔上學時，對著翔翔毫不客氣地質問：「你們家怎麼有一堆奇奇怪怪的人。」這樣整整過了四年，阿默形容翔翔「每天上學都是一場戰爭，都是一頓煎熬」。直到五、六年級，翔翔換了思想開明的新導師。他不貶低任何家庭，持續鼓舞孩子發揮潛力，翔翔才開始建立一點點自信，而這兩年也是翔翔整個求學生涯中僅有的快樂日子。

老師對於學生家庭背景的態度影響巨大。當學校老師缺乏性別平等意識和常識，學校環境與課程教材不友善，條件弱勢的同志家庭孩子就可能承受汙名及差別對待。然而諷刺的是，弱勢家庭的孩子正是最需要以教育來翻轉階級的一群人。教育承諾的有教無類和階級流動的理念一旦無法完整落實，同志家庭就必須自力救濟，而沒有資源的同志家庭孩子便被迫承受歧視性對待。這個過程無疑放大了同志家庭的階級差異。

身為母親，阿默眼看著孩子在求學途中跌跌撞撞卻無處施力，只能將一切的不幸歸咎於自己的同志身分。

愛你的人，就是你的家人

同志家庭給孩子的愛與其他家庭並無二致，甚至因為主動付出了更高成本，反而可能對親職有更高的承諾。同志家庭遭遇的最大困難並非來自家庭本身，而是差別化的社會對待。回應一連串的社會檢視過程，本身就是無形的成本，放在任何家庭身上都讓人不堪負荷。也許擁有較高經濟和文化資本的同志家庭，能夠稍微挪用自身優勢，勉力抵擋社會壓力。然而缺乏資源的同志家庭，遭受的則是經濟以及性別和性傾向的雙重壓迫。

改善我們的性別環境刻不容緩。同志家庭的生活經驗，也提醒我們重新省思「家」的內涵。就像楊楊、袁袁的孩子，帶著一張集合親友的大合照介紹自己時所說的：「愛你的人，就是你的家人。」

誰製造了「問題家庭」？——弱勢家庭的教養處境

台灣大學社會系教授　**藍佩嘉**

現年卅五歲的小泰爸在工廠當作業員，與來台打工的泰國媽媽相識、結婚。生下小泰後幾年，爸爸外遇，小泰媽憤而帶著兒子離開。阿嬤思孫情切，每天下午休息時到媽媽工廠附近的幼稚園一家一家找，終於讓她找到孫子。離婚後，爸爸取得小泰監護權，與阿嬤、未婚叔叔同住在阿嬤所有的老舊公寓。

阿嬤與爸爸的工時都相當長，兩人勉力接送小泰上下學。每天清晨七點，爸爸送小泰去學校，然後再騎摩托車趕八點上工，晚上通常快十點才能回到家。他也經常在週末加班，以配合國外的緊急訂單。週三上半天課，爸爸趁中午休息從工廠騎車到學校接小泰回家，所以小泰總是全班最晚走的孩子。阿嬤每週工作六天，週三以外的日子由她去接小泰放學，然後再趕回餐廳上班。小泰多半要等到阿嬤下班從餐廳帶剩菜或買小吃回家才能用餐。

小泰就讀小學二年級，放學後經常一個人在家，阿嬤再三交代不可以跑出去玩、陌生人按門鈴不能應。讓小學兒童獨自在家，可能會被社工視為「高風險」的家庭環境，但對這樣的家庭來說卻難以避免。收入有限讓他們無法送孩子上安親班，此外，高中肄業的爸爸在成長過程中飽受課業繁重之苦，因此反對太早送孩子去補習，希望讓他度過沒有壓力的童年。

小泰一個人在家時，不是看電視、打電動，就只能跟幻想的友伴玩耍。忙碌的大人不常帶他出去玩，但每次都會買玩具給他，他累積了快一百張遊戲卡，這是媽媽和阿嬤帶他去逛夜市時買的。但我問他怎麼玩，他幽幽地說：「我不會玩，沒有人跟我玩。」小泰想要養寵物，爸爸買給他兩隻老鼠、一隻兔子。沒想到老鼠越生越多，又找不到人送，阿嬤照顧不來，只好弄死。小泰抽噎提到老鼠死掉的事，紅著眼眶說：「幸好兔子還活著。」這隻名叫叮噹的兔子是他最好的朋友。

教養腳本的環境因素

讀者看到這裡可能在想，阿嬤造成孩子心理創傷，是不盡職的照顧者。但是，阿嬤確實盡心疼愛唯一的孫子，只是她對童年、兒童的看法與現代教養腳本有所不同。比方說，阿嬤視老鼠繁衍為增加成人的勞動負擔，沒聽過照顧小生物是所謂的「生命教育」，也不明白發展心理學中關於兒童創傷的論點。小泰放學不想自己走路回家，反映他對大人陪伴的渴求，但對阿嬤來說，小泰只是「懶惰」、不想自己走路，應該儘早培養獨立自主的能力。阿嬤的教養觀可以說是「順其自然造化」，這在小孩多、風險低的鄉下社區容易延續，就算老鼠繁殖也不會造成很大的環境問題，但是獨生子小泰是在都市公寓長大，鄰里的互助網絡不再，環境的變化讓這樣的傳統教養方式變得「有問題」。

學校教育的改革，尤其是對於家長參與的期待，也與小泰這樣的家庭有很大的距離。小泰拿了學校發的暑假作業回家，其中有三個「特殊活動」都要求家長共同完成，包括「烤肉」（詢問長輩烤肉經驗）、「只要蛋白質不要肉」（和家人做一道菜）、「家事大作戰」（小朋友和兩位家人一起掃廁所）、「菅芒花女孩」（和父母一起完成大約十二件事情）。小泰看到作業，無奈地說：「請問一下誰有時間幫我做？」阿嬤拿出老花眼鏡仔細看了半天說：「我要準備去上班了，晚上回來再做。」後來，小泰告訴我們，阿嬤簽名寫了「鳳梨蝦球」，但他們從來沒有時間一起做菜。

在少子化的年代，孩子成為更加珍貴的資產，國家與學校召喚父母投入更多心力來照顧培育。祖父母輩的傳統教養風格，包括體罰管教、讓孩子獨自在家或與同伴在街頭嬉戲，開始被視為「不適任父母」的做法。體罰或「鑰匙兒童」被立法確立為「不當管教」，父母可能因「疏忽」或「虐待」等原因被剝奪親權。內政部從二〇〇四年底開始推動「高風險家庭關懷輔導處遇實施計劃」，針對單親、跨國婚姻等社會弱勢家庭，安排社工等專業人員進行關懷訪視。台灣也在二〇一一年通過了號稱全世界第一的「家庭教育法」，在全國各地設立了二十多個家庭教育中心，以增強父母的「親職知能」。

國家積極介入的立法與政策固然用意良善，旨在保護兒童有獨立於父母之外的人權，然而也強化父母面對的國家監看與道德壓力。當代中產階級的理想教養腳本，如以孩子為中心的家庭生活、精心規劃各式各樣育樂活動，以及強調溝通說理的親子互動，都與弱勢家庭的現實環境有相當落差。當法律與政策忽略個別家庭的現實處境，其積極介入未必能改善孩子際遇，反而可能貿然在資源有限的家庭教養方式上貼上「有問題」的標籤。

為什麼用打的？

小布的爸爸是鐵工，媽媽是來自中國大陸的新移民。小布的兄弟在安親班有幾次拿了同學的東西，也有蹺課、闖禍的紀錄，媽媽的處罰方式多是痛打一頓。小布的爸爸並不贊成體罰，因為從小父母管教嚴厲，造成弟弟一度離家出走，所以他不希望複製類似的處罰方式。

然而，收起了棍子，他感到束手無策。他試過要孩子抄寫「家規」十遍，有次氣憤中把孩子的課本丟進濕淋淋的浴缸，還有兩次把孩子送到警察局，希望借用家庭外的制度權威來嚇阻孩子。

小布的爸爸幾年前在工地摔傷背脊，不能再做技術工，只能打低薪的零工。近年來經濟不景氣，讓步入中年的他找工作時雪上加霜。小布的媽媽被迫成為家庭收入的主要來源。然而，新移民的身分讓她深陷勞動市場底層，她只能在社區小工廠當雜工，薪資「比不識字的歐巴桑還低」，她不平地說。經濟困境增加了夫妻之間的衝突與口角，也耗費了他們多數的腦力與情緒資源，很難有耐心處理孩子的吵鬧，因而偏好立竿見影的措施。小布的媽媽嘆著氣說：「我現在教小孩，我腦袋不會平靜啦，就像演電影，我就擔那麼多角，什麼又到期了，什麼又要繳了，什麼錢要給了。」

小布媽媽督促爸爸要把握機會管教：「你自己想清楚啦，不是開玩笑的啦，你小孩子現在不抓緊時間來教育，你再看看啦。到時候，給人家警察來教的時候，你就不好教、不好受了。」即便我們正在進行家庭訪問，她打起孩子也不手軟，甚至在訪談時詳盡描述自己對孩子有多生氣、處罰有多用力。我在現場經常感到很尷尬，以為誤入了母親情緒失控的後台，但稍後才明白她其實是有意或無意藉此展演他們有在「努力管教孩子」，不論效果如何。

小布就讀的這所學校有許多勞工階級家長，當他們聽到訪問邀請，當下反應多是緊張地問：「我的小孩在學校有什麼問題嗎？」當今主流的教養腳本，要求父母投入金錢、文化與時間，經濟或教育弱勢家長經常被媒體或學校提醒自己的匱乏與不足。小布的成績其實不錯，但因為闖過幾次禍而被貼上「壞學生」的標籤，小布媽媽去學校的時候，感受到其他家長（尤其是中產階級家長）對她的冷淡、忽視，於是不想再參加班親會或其他家長活動。小布媽媽常常掛在嘴上說：「我教得很失敗，你們可以教我嗎？」她用嚴格管教來洗刷「教養失職」的階級汙名與焦慮。不過，她在打完孩子後，往往會抱著哭泣的孩子說：「媽媽是因為愛你才打你，知道嗎？」「對不起，請原諒媽媽，媽媽很愛你，你要聽媽媽的話，好嗎？」

教養的階級偏見

體罰確實不是最好的管教方式，「鑰匙兒童」也不是理想的照顧安排，但在呼籲廢除與禁止的同時，我們需要了解：為什麼多數勞工階級家長仍以體罰為主要的管教手段？為什麼他們不得不將孩子獨自留在家中？

社會學文獻從父母的階級經驗來解釋不同的育兒方式：由於勞工階級的職場較少強調口才與互動，讓他們與重視說理、協商的新興教養腳本距離較遠。相對於中產階級父母有充分資源培養孩子的自主性、創造力、好奇心等抽象能力，勞工階級父母在教養上更重視的目標與價值在於：刻苦耐勞、服從聽話、守規矩。

以體罰為主的管教方式也反映出勞工階級家庭面臨的結構困境：經濟拮据與時間短缺，不僅增加不安全感與婚姻衝突，也讓他們難有認知餘裕去嘗試新的教養方式。他們不像中產階級父母，可以透過讀書、上課來取得與教養相關的知識與資訊，就算有機會接觸到新興觀念，內容也與家庭生活落差太大。

國家立法與親職教育經常不自覺地以特定家庭形態為「標準」，如預設家中有一位專職或至少時間充分的照顧者（通常是母親），或假定父母從事朝九晚五的工作。這樣的理想教養腳本讓許多中產雙薪家庭都感到力有未逮，遑論單親家庭、隔代教養、服務業等長時工作者。學校老師以中產階級父母為原型，期待家長有能力參與孩子的學習，讓無法配合的家長變得「不盡職」，間接造成了將弱勢或另類家庭「問題化」的效果。如果我們不改變大環境，提供弱勢家庭貼近生活處境的實際助力，只要求個別父母提升親職知能，未必能促進孩子福祉，反而製造了問題家庭。

STATION 3-7

我的孩子不一樣——如何面對特殊孩子的「身分」難題與他所遭遇的歧視？

東吳大學社會工作學系副教授　**洪惠芬**

打從一出生，我的孩子在許多面向的發展就持續偏離多數同齡孩子的常模。他的語言發展不讓人擔心，但在跑跳等大肢體動作的發展，握筆寫字等精細動作的發展，與人互動、同理和團體規範等社會性能力的發展，以及專注度和情緒控制能力上，均不及多數同齡孩子。我知道每個孩子都有或大或小的差異，醫學與發展心理學所建立的發展常模只能當作參考，但身為母親，我不可能無視他在這些面向的落後。周遭人的態度我也無法忽視，例如當他在親友聚會的場合情緒失控時，親友的質疑也讓我備感壓力。

一開始，我以為是教養方式出了問題，於是尋遍坊間談教養的書，也花了許多時間上網搜尋資訊，期望透過書本、部落客及同輩父母的觀點，找出自己和先生的教養盲點。不過隨著孩子的年齡越來越大，他與同齡孩子的差異也越來越明顯，並且呈現出特定模式，加上我接觸兒童發展的資訊越來越多，我開始懷疑，他的行為問題跟後天教養無關，而可能是先天因素。我開始蒐集亞斯伯格症的資料，甚至試著填答相關量表。

那段期間我的內心充滿矛盾。我很希望找到孩子情緒失控的癥結，心底卻不願面對身心障礙的可能，因此儘管讀了一堆相關資料，卻提不起勇氣帶孩子到醫院確診。但就在孩子進幼兒園一個月之後，我們被逼做出決定：老師打電話來請求我帶孩子到醫院作早療鑑定，她的觀察跟我的評估一樣，我的孩子可能有亞斯伯格症。

雖然我發表過障礙主題的論文，卻沒想過自己的孩子也可能是身心障礙者。這映照出台灣多數人的心態：除非自己或家人就是障礙者，否則對大部分人來說，障礙者就像是外星人般的存在，是跟自己生命毫無交集的他者。我們對障礙者抱持很深的曲解和偏見，更視障礙者為悲劇，必須全力防堵。正因如此，當母親被告知孩子的身體或心智「異常」時，內心衝擊之大可想而知。鑑定結果逐漸明朗的那段期間，我自責、焦慮，更忍不住想，是不是懷孕期間做錯了什麼？我也擔憂著孩子的未來，害怕他無法適應人際關係越來越複雜的社會生活。

奇妙的是，這樣的自責與焦慮在我帶他到醫院參加療育課程後有了轉變。弔詭的是，孩子的鑑定結果讓我和先生終於可以順理成章擺脫親友對我們「教養不當」的責難。不過讓我對孩子障礙者身分完全釋懷的關鍵，則是其他障礙兒母親給我的啟發：即便亞斯伯格孩子社會性相關的能力嚴重落後同儕，但透過學習，就算無法成為高ＥＱ的人，仍舊可以良好地適應學校與社會生活。隨著我接觸到越來越多相同案例，我對於孩子的「不一樣」也開始有不同角度的理解。

從社會模式看孩子的「不一樣」：接納孩子的身分

如果把視角拉高拉遠，人人其實都「不一樣」。有些差異，如身高、髮色等並不會對日常生活與人際互動造成大太影響；但有些差異，如性別、身心障礙等，卻會對當事人產生關鍵性的影響，甚至剝奪生存機會。人們對待各種差異的心態確實非常不一致，有些差異遭到忽略，有些卻被放大，甚至成了偏見與歧視的基礎。換言之，障礙者在身體與心智功能上與多數人的差異並不意味著他們比別人差，關鍵在於整個社會的態度。例如下半身癱瘓的人需靠電動輪椅才能移動，而以現行公共設施的諸多障礙，障礙者幾乎無法獨力出門。但如果整個社會的空間設計能夠考量輪椅使用者的需要，輪椅族便有充分的機會去使用公共設施。同樣的思維套用到我孩子身上。我的亞斯伯格孩子很難掌握人際互動中那些未能言明的社會性訊息，這不見得是本質上的缺陷，而是現行社會的主要人際互動方式剛好無法包容他的特質。事實上，許多亞斯伯格的孩子長大後反而能順應高科技產業的工作環境，因為這個圈子講求直來直往、不拐彎抹角，社會性訊息解讀能力不足並不會成為致命傷。

這種「障礙的社會模式」思維是一九七〇年代左右由英國障礙者權利倡議人士與學者所提出，而相對於此的則是「個人醫療模式」觀點：障礙者之所以失去工作、無法參與社會活動，源自於他們身體與心智條件的侷限性。把障礙者的社會障礙歸因於個人身心條件，使得身心障礙被視為人人避之唯恐不及的悲劇。我最初對孩子未來人生的悲觀與擔憂，正是受到這種觀點的影響。而障礙的社會模式就試圖打破障礙者的負面圖像，引導人們把不幸歸因移轉到障礙者身處的外在環境。這種移轉使人的形象更具包容性、更加多元。拋棄了單一、特定的身體與心智形象，人不再被二元區分為正常與異常。

身為障礙兒的母親，社會模式的障礙觀點極具啟發性。大多數父母都會把自己對人的理想圖像投射在孩子身上，並依此教養孩子。社會模式讓我看到自己對於人的理想圖像太過狹隘。我做性別與母職研究，向來反對以單一標準來描繪所謂的「完美媽媽」，卻從未想過世上也沒有「完美寶寶」。我自己本身就不善於控管情緒、不擅長解讀社會訊息，也不熱衷於交際，為何冀望自己的孩子能夠擁有這些能力？如果我能接受自己不是完美的母親，也不想被這標準套住，我又為何把完美孩子的標準強加到孩子身上？

跟孩子一起對抗障礙歧視

修正對於「人」過於單一的標準，接受孩子的不一樣，只是開端。下一步則是修正社會為非障礙者設計的遊戲規則。障礙與特殊孩子很難適應這樣的社會，也無法取得平等的發展機會。這當然是歧視，而且受害者不僅限於孩子，還有家人。此外，對障礙者的歧視除了不公義，還直接傷害特殊孩子的福祉，侷限他們能力發展的可能性。

如何面對社會整體的障礙歧視？投身社會運動以挑戰制度的正當性是最直接的方式，不過這並不容易。障礙兒童的家庭必須承受更大的照顧與經濟壓力，在資源有限的情況下，多數父母並沒有多餘精力投入障礙者的倡權。然而，要在個人層次突破現有制度對孩子發展的限制，箇中挫折與辛苦也實在不是一般父母所能體會。

1・「現身」就是對抗障礙歧視的開始！

讓孩子現身在公共領域就是對抗障礙歧視的開始！身心障礙者被視為外星人般的他者，其實是長期被排除在公共場域之外惡性循環的結果：物理環境及社會氛圍不友善，導致障礙者盡量避免出門，結果整個社會更難看到他們的需要，更難理解他們的處境。因此，多帶著孩子到戶外走走吧！此外，在跟非障礙者互動的過程中，父母也會體認到這種不友善大多不是出於惡意，而是無知。況且，障礙者的父母也需要休閒生活，參與公共活動會讓父母獲得更多能量。

2・要進特殊學校還是一般學校，沒有標準答案

過去的台灣教育環境中，因考量到教學效率同時也基於保護特殊孩子的心情，會把特殊孩子送入特殊學校，隔絕在一般教育體系之外。於是出現了針對智能障礙孩子的啟智學校、針對視障孩子的啟明學校，以及針對聽障孩子的啟聰學校。進入特定障別學校有一些好處，例如讓孩子跟相同能力和處境的同儕一起學習，有助於建立學習的信心和對等的人際關係。然而，進入特殊學校也等於把特殊孩子隔絕在主流教學體系之外，不僅剝奪了孩子跟非障礙者互動與交往的機會，也讓他們在長大離開學校之後更難融入由非障礙者主導的社會生活。更重要的是，這樣的隔絕也讓一般學校的老師與學童「看不見」障礙者的存在，這種「看不見」讓非障礙者無從認識障礙者的處境和需求，更進一步強化障礙者長久以來被邊緣化的他者身分。

事實上，自一九八〇年代起，先進國家便開始推動障礙照顧的去機構化，讓失能的障礙者回到社區接受照顧。在教育方面，也開始廢除特定障礙別學校，推動融合教育，讓特殊孩子在學齡階段回歸到一般教育體系。台灣的特殊教育體系目前也正推動融合教育，但實際的

做法是「雙軌並行」，啟智、啟明與啟聰學校仍繼續招收學生，但各級學校也開始招收障礙身分學生。雙軌並行的方式確實讓很多父母為孩子的就學安排左右為難：究竟該讓他進入特教學校，接受量身訂做的教育方式，也讓他跟同樣處境的孩子相處，建立自信和對等的友誼；還是讓他進入一般學校，與一般學生共同學習，幫助他融入社會，讓多數學生能認識並接納差異？

往好處看，這種兩難的心理困境也意味著，父母對於孩子未來生涯規劃擁有一定程度的「彈性」。現行的身心障礙身分鑑定制度雖然由醫生主導，但就我實際經驗以及其他障礙兒母親的經驗分享，在鑑定過程中，多數醫生其實非常尊重父母的意見，下診斷時也會和父母討論，並確認鑑定結果是否符合父母對孩子生涯的規劃。因此，要採取哪種體系，幾乎可說端視父母對孩子教育的價值取捨。

此外，不同程度和不同類型的障礙，取捨之間還需要有更細膩的考量。雖然同被納入障礙者或者特教生的身分下，但是不同障礙別與障礙程度的孩子處境差異很大。肢障者或許只需要教室與學校空間作些調整就可順利融入班級與學校的各項活動，但是重度智障生可能連自行進食或大小便控制都有問題，需有專人協助才能適應學校生活。像後面這種狀況，如果社區一般小學缺乏相應的資源來解決孩子自我照顧的問題，也許選擇特教學校比較好。

就我自己的例子而言，我的孩子各方面的評估其實是亞斯伯格症的邊緣，我們夫妻讓他進入一般小學，但是也讓他取得身心障礙證明，方便他使用學校特教輔導資源，醫生也願意配合我們的規劃調整診斷結果。因為鑑定具一定的彈性，我們對於孩子要進特教學校或者一般學校便有一定的自主權。另外，就算進入一般教育體系，我們對於孩子是否進入一般班級就讀、是否配合資源班的課程與個別化特教輔導服務，或者是否進入與一般課程隔絕的特教班，同樣有一定的發言權。

事實上，父母在抉擇時也無需過度焦慮，因為目前的制度允許孩子在兩種軌道之間轉換。例如，假設父母原先選定讓孩子進入特教體系，後來發現孩子其實有能力跟非障礙者互動，因此想讓孩子參與更多主流的社會活動，這時孩子仍有機會從特教學校轉至一般學校。又或者原先進入主流學校，但孩子的適應狀況不好，也可由一般學校轉至特教學校。

有些父母可能會因為認同融合教育的理念，而選擇讓孩子進入一般學校就讀。不過，融合教育的理念雖好，但就現實而言，融合教育的實際成效仍舊跟整體教育體系的運作邏輯息息相關。台灣現行教育體系非常升學導向，對學生的評價仍舊採取單一標準，以學業成績作為主要的憑據。升學導向的文化對障礙學童及他們的父母構成很大的挑戰。若要讓孩子進一般學校就讀，父母要有的心理準備是：如果孩子學業成績嚴重落後，自己該採取什麼樣的立場？

如果父母確實在意孩子的學業表現，就得花心思去了解孩子在校的學習狀況，並提供額外的課業輔導，協助孩子跟上同學進度。目前學校特教輔導體系在這部分的服務非常有限。有些經濟狀況比較好的家長會為孩子請家教或送孩子到補習班，但因為一般人並不熟悉身心障礙者，也不太懂得如何跟障礙兒互動，家長很難在市場上購買到合適的服務。這時候，父母只能親自上陣。我遇到的障礙兒母親中，就有不少人一手包辦孩子的課業輔導工作。即便父母不在意學業成績，但是孩子受到老師與同儕的影響，不可能完全無視自己學業表現的落後，這時父母也必須找到方法去引導與幫助孩子，避免孩子的自我形象低落。

3・聆聽專家意見，但保留判斷權

比起上一世代，新世代的父母更擅長於將專家知識運用在教養上。就我自身經驗與觀察，障礙兒父母在察覺孩子異常後會把孩子送入早療體系，因此比一般父母更能接觸專家知識，也更容易受到專家知識的影響。我遇過某些特殊孩子的母親甚至跟孩子的治療師或特教老師建立深厚的情誼。親職路上陷入瓶頸時，專業人員的情緒支持與建議能幫助她們捱過難關，畢竟多數人並不了解障礙兒，即便是孩子的祖父母也可能對孩子抱持偏見。在這樣的狀況下，治療師或特教老師反倒比家人更能同理父母的處境。

不過在跟專業人員維繫良好關係的同時，父母對他們的期待與要求也要保有一定的警覺性。因為專業人員也有自己的利益考量，例如學校特教老師可能基於行政管理或班級經營的效率，對孩子的教育安排跟父母的考量出現分歧。曾有一位唐氏症孩子的母親跟我抱怨：資源班的老師想將她孩子由普通班附加資源班課程轉到特教班上課，原因是特教老師覺得她孩子的資質與情緒比多數特殊孩子好，若進到特教班可以發揮「榜樣」的功能，刺激其他特殊學童的學習動機。但對媽媽來說，這樣的做法並不利於孩子的潛能發展，孩子會因為失去跟一般同學的互動，而喪失更多的學習激勵。

此外，整個早療與特教體系的服務模式往往以孩童為中心，專業人員即便與父母一同工作，但大多不會意識到父母作為照顧者可能與孩子的利益不一致，甚至相互衝突。因此他們對父母提供的建議或期待，也不太會考慮到父母現實生活中的困難。例如，有些治療師在治療課程結束後，會希望有專人帶著孩子按表操課、反覆練習，以強化課程效果，因而期望母親辭掉工作花更多時間在孩子身上。這種要求雖是為孩子好，卻忽視母親經濟自主與職涯發展的需要。當意見分歧的時候，父母可以試著為孩子甚至自己發聲，無需全盤採納專業人員的立場。

4．別將孩子一生的福祉背負在自己身上

許多父母在確認孩子的障礙者身分，並經歷了否認與自責之後，接下來便開始擔憂孩子的未來。這種焦慮並非不理性，而是基於對現實社會的正確觀察：多數人對障礙者充滿誤解

與偏見，而障礙者的失業率更是一般人的數倍，並背負更高的貧窮風險。

因此許多障礙孩子的父母幾乎是用盡全力在「做父母」。我認識有些特殊孩子的母親因此發展出十八般武藝，除了一口疾病與障礙的相關專業知識，還習得治療與復健的技能，甚至能一一盤點政府現有的福利資源然後巧妙連結到孩子身上。她們如此用功與賣命的背後，是一種令人心疼的自我要求：把孩子一生的福祉視為自己的責任。同為障礙孩子的母親，我非常能理解這種心態：當國家福利不可靠，少子化的趨勢下也沒有兄弟姊妹可以靠，自己的生命又有極限，唯一的出路就是趁自己還活著、有力氣、有能力，替孩子做好各種準備，盡可能讓孩子發展出自食其力的能力。這似乎是障礙兒父母在不友善社會的唯一出路。

但我想提醒的是，賣命的同時不要忘了，孩子雖然有障礙，適應社會的能力較一般人落後，但仍有自己的生命能量。請相信孩子，給孩子適度的空間去揮灑他的人生。此外，千萬不要怕麻煩別人而獨自承擔一切。育兒之路如此艱難，沒有人能夠單憑己力把孩子養大成人，更何況你養的是身心障礙的孩子。而且，當你麻煩別人時，別人也才有機會看見障礙兒的真實需求，並學習和障礙兒相處。

最後，也要記得享受孩子在你身邊的當下。孩子可能在某些方面的發展偏離常模，但他對你的真誠與情感絕對不會因此打折扣。好好欣賞他與你相處時的可愛模樣吧，這不就是做父母最大的樂趣與意義嗎！

STATION 3-8

我的孩子不是漢人，我該如何選擇他的學習環境？——台灣原住民的族語教育和文化養成

國會助理，都市排灣族媽媽
saiviq kisasa（莎伊維克・給沙沙）

說個驚人的數字。台灣原住民分布在都市的人口已接近五十％，若是加上求學與工作等未在籍人口，實際上早已突破五十％大關。這不止發生在台灣，全世界的原住民一半以上都已居住在都會區。然而，當我搜尋有關原住民孩子教養的文章，大多是在談如何提高孩子在主流社會的適應力，鮮少討論如何讓孩子在主流社會中做個原住民。

在台灣，原住民文化受到都市化、政治因素以及原住民土地流失的影響，正逐漸消失。出生於一九七一到一九八七年之間的原住民，是「台灣原住民失語的一代」。他們生長在獨尊國語文、消滅族語的戒嚴時期，且自小離開部落，到都市生活、求學，幾乎沒有機會接觸部落文化。即便一九八七年解嚴之後，族語仍舊處於邊緣地位。這個年齡層的原住民當了父母，要在家中營造出原住民文化或是維持原住民身分認同就更加困難。即便教育部於二〇〇一年將族語課納入正式課程，原住民族委員會隨後也展開一系列族語復振計畫，但十多年下來，使用族語的人口似乎沒有增加多少。[1]致力族語復振的前輩波宏明說：「現在會說族語的人都是五、六十歲，再過二十年，族語就會隨著這些人消失。」

社會環境無法友善對待原住民族語和文化，族人將孩子送到學校接受國民義務教育，更是讓孩子加速成為「別人」的工具。而隨著就業求學遷徙到都市的原住民越來越多，在都市教養原住民小孩也成為迫切的問題。我自己就是個例子，從小成長在部落，高中畢業後便到台北唸書工作，原本以為未來能回到原鄉服務，沒想到就在台北結婚生子。我一想到那些從都市回到部落的孩子，見到狩獵、祭典等文化活動時的陌生感，就倍覺心疼。身為排灣族的

註1 根據二〇一六年原住民族語言調查研究報告，原鄉使用族語的比例為七十九%，其他地區為五十%，使用中文分別為八十五%和九十四%，不管是原鄉和都會區使用中文的比例較都偏高。

父母，我最重要的責任就是將我從父母身上得到身為排灣族人的態度傳承給孩子，因此才開始了一場教養排灣族孩子之路。

給他一個族名

沒有什麼比給孩子一個族名更有影響力，他的身分認同來自於此，身邊的人也能夠藉由這個名字認識他的族群。

每個名字都有特定意涵，各族命名方式不太一樣，命名方式也反映這個族群的特色。像排灣族是家屋制，命名時個人名與家屋名並列，例如我的名 saiviq，家屋名是 kisasa，由家屋名就可以看出這個人是誰家的孩子，以及在部落的位階。又如阿美族是親子聯名制，命名時由個人名加上母親的名，由此就可以知道這個人的母親是誰，這也反映出阿美族是母系社會，由母親當家。[2]

四年多前，我的第一個孩子誕生。在排灣族的社會中無論男女，長嗣是最重要的孩子，我們稱為 vusam，意思為小米種子。小米是排灣族最重要的食物，生活、祭儀活動都是圍繞著小米生長過程進行，而能夠發芽存活下來的小米，便是能適應環境生長的 vusam，代表著族人對第一個孩子的重視。

兒子出生以前，我們已經準備好排灣名和漢名。照理說，排灣名應該要從我母親家族已故親人中尋找合適的名字，只是我父親過世得早，為了紀念他，就用了他的名字 puljaljuyan，因此兒子全名 puljaljuyan kisasa，暱稱 luwa。族人一般認為，名字和人的性格是相連的，而 puljaljuyan 在神話傳說中是祖先、開創者，歷史記錄上以此為名的多為領導人物，這也代表我對兒子的期盼。當然，名字也可以更改，有時這孩子取了名後常生病，老人家就會說，孩子可能無法承擔這個名字的責任。對於小 luwa 來說，他的生命將從這個排灣名開始，他的身分永遠會追隨著這個名字，肩負對這個族的責任。

部落文化與主流文化

要在都市中以原生部落的文化來養育孩子真的不容易。我們無法隨時聽到族語，我們活在以漢文化思維為主的環境，也無從體會部落文化。我公公祖籍四川人，婆婆講台語，我和先生都用中文交談，即便我盡量以排灣語和兒子溝通，仍敵不過強勢的中文。

因為工作關係，兒子三歲時全家搬到花蓮玉里鎮。玉里這個地方很特別，主要族群有河

註2　各族命文化可以參考《原住民族命名文化教師資源手冊》（台灣原住民基層教師協會出版）。

洛人、客家人、阿美族、布農族，還有中國和東南亞的新住民。兒子開始對不同族群產生認知，學唱客家歌，認得阿美族和布農族的服飾，知道常常來家裡的叔叔阿姨是布農族。在玉里住了近兩年間，我們因著環境之便帶著兒子到各部落探險，探訪阿美族豐年祭、布農族射耳祭，跟著阿美族朋友在秀姑巒溪體驗撒八卦網，到豐濱鄉出海口看阿美族漁人豐收上岸，到富里鄉見識到平埔族夜祭。我們帶著兒子參與各樣文化活動，感受多元的生活方式，了解台灣這塊土地上擁有多樣族群，這遠比從書本所學來得深刻。

我看過一篇美國原住民家長寫的文章[3]，他的兒子就讀於主流社會的學校，回到部落則積極參與部落事務，也擔任傳統活動的重要成員。作者鼓勵原住民家長讓孩子從小學習兩種文化，經常在主流文化和原生文化之間轉換，慢慢的孩子就可以在兩種文化中適應良好。

面對現代多元社會是不可擋的事，但首要目標是讓孩子認識自己。因此，他得習得自身的文化智慧和語言，讓他以此為立足點，探索這個世界。

努力接觸原住民文化

由於主流社會無法提供族語環境和部落文化，我們得格外努力營造，因此只要有原住民相關活動，就趕緊拉著孩子參加。這比看電視看照片來得震撼，舉凡原住民議題的研討會、座談會、演講、藝術展演，以及田野觀察、慶典、拜訪友人，無不如此。我們的行為有點像追星族，哪裡有原住民活動，就跟到哪裡。

孩子還小的時候，根本搞不清楚我們在做什麼。但他會自己觀察、吸收，等時間到了，就會突然蹦出想法。有一次我帶著孩子參加台大人類學博物館舉辦的一場排灣族傳統婚禮，族人從下聘、殺豬到跳舞，完整呈現部落傳統婚禮和服飾，這樣的場景連我在部落都很少見。會後友人身著全套排灣族服飾過來找我聊天，兒子抬頭看著他說：「你是原住民。」友人機靈地回答：「是啊，而且我告訴你，你也是哦！」我們都笑了起來，至少當時三歲的 luwa 能認知到原住民這概念，父母就欣慰了！

圖書也是重要媒介。傳統原住民只有語言沒有文字，因此知識和世界觀都藉由故事口耳相傳。但在主流社會中，文字是非常重要的傳承方式，因此我格外努力收集各族群的故事繪本，在孩子還無法閱讀的年紀，把原住民特有的世界觀和文化觀透過故事傳遞給他。兒子因此在親子共讀中學會貓頭鷹、山羌等動物的叫聲，還可以講出排灣族最有名的「人變鳥」以及「穿山甲與猴子」的故事。

原住民傳統文化與當代台灣主流文化不時會發生衝突，這些衝突也呈現在兒子聆聽繪本

註3 Learn to Walk in Two Worlds. http://indiancountrytodaymedianetwork.com/2015/12/23/learn-walk-two-worlds

時的反應。例如有天我講了獵人抓山豬的故事，他就看著書便大喊：「不可以殺山豬！」還用手打了繪本裡的獵人。這時候我也只能持續用其他原住民故事繪本引導，慢慢讓他理解狩獵是原住民社會重要的文化行為，而不能打獵則是漢人現代社會的文化觀。

不過，以台灣原住民為主題的故事繪本其實不多，因此我一得知原住民藝術家出書，特別是附有族語拼音的繪本，就會立即下單，畢竟這類不符合主流社會喜好的圖書經常很快就絕版。[4]

除了書本，我們也會讓孩子看原民台，除了關注原住民的新聞，也希望從原住民的觀點看事情。原視新聞不像一般商業台的新聞，不會有聳動、偏頗的內容，舉凡政治議題、社會消息、藝文慶典，以及一些知識性的報導，都很適合讓孩子了解原住民現況。現在四歲大的兒子會看著原視新聞的畫面問我一堆問題：「媽媽，這是排灣族嗎？」「媽媽，這是小米嗎？」「媽媽，他們在做什麼？」這個時候就可以做機會教育，告訴他各族的文化習慣、祭典特色、服飾差異等等。

原民台也常出現以原鄉為背景的畫面：山景、河川、海景等等，裡面還會有族人工作的場景。另外最近推出的族語主題廣告也很有意思。主角會拿起一個個用品，說出該族的稱呼，或者是在部落市場或小吃店中，老板與客人用族語對話，呈現部落生活的日常。

就讓他講族語吧！

語言是民族續存的最重要根基。語言消失，代表一種思維的消失、一個文化的消失、一個世界觀的消失。

例如排灣族的親屬稱謂系統，便反映了特有的人際關係。我們對祖父母等同輩長者都稱 vuvu，對父輩（含伯、叔、舅）長者稱 kama，對母輩（含姑、姨）長者稱 kina，對同輩的兄姊弟妹稱 kaka。你會發現，排灣族的親屬稱謂系統沒有漢人那種細膩複雜的區分，稱謂不因父系或母系而不同，只依輩分有所差異。這看似很小的事，卻蘊涵著排灣族對親屬關係的看法：稱謂單一，反映出排灣族對於輩分的重視高於性別的重視，更意味著親屬之間非常親近，所以族中每一個人都有責任照顧這個孩子。

我就讀研究所時，有位泰雅族的學長堅持讓兩個孩子從小都和他用泰雅語交談，我好奇

註4 以下推薦一些我跟兒子都很喜歡的繪本：《阿公的大腳丫》，卓慧美（晨星出版社，二〇〇八）。《笆札筏的大洪水》（台東縣政府文化暨觀光處出版，二〇一一）。《毛蟹返鄉記》，台東縣達仁鄉土坂國小（財團法人兒童文化藝術基金會出版，二〇一一）。《說故事的手》（屏東縣泰武鄉泰武國小出版，二〇一三）。《會唱歌的百步蛇》（屏東縣泰武鄉泰武國小出版，二〇一三）。《大武山的精靈》，台東縣金峰鄉嘉蘭國民小學（兒童文化藝術基金會出版，二〇一五）

地問他：「你不怕他們中文講不好嗎？」學長說：「放心好了，全台灣的人都講中文，看電視聽的、學校講的也是中文，他們以後就會了，不用特別教。」這位學長現在成為全台第一間民族實驗小學的校長，持續推動以泰雅族為本位的教育。

如果自己的族語都不太流利，要怎麼教孩子？我自己就是個例子，而我的方法是：厚著臉皮繼續講。能用族語表達的句子或字詞，就用族語表達。當然，也不必擔心孩子會搞混族語和中文，我自己是上了小一才知道祖父母、曾祖父母等中文稱呼，但這從未對我的學習造成困擾。Luwa 在三歲就可以自動轉化語言，他會用對方的語言來交談，例如問他這個玩具車是誰買的?他會對我說是 vuvu，然後對別人說是阿嬤。

孩子學習語言的能力很驚人，而且能在多語環境中轉換、理解的能力超出大人想像。很多家長會擔心，英語都學不好了，怎麼還有時間讓孩子學習族語?事實上，多元文化正是台灣的珍貴特色，一種語言代表一種思維，執著於英語這種強勢語言學習，只會讓我們孩子的思考更單一、缺乏多元觀點。

我們必須嚴肅面對台灣原住民族語言消失的問題。聯合國教科文組織統計，目前全球接近七千種語言，其中台灣原住民十六族中已有七種語言被列為「瀕危語言」（指越來越少人使用，即將滅絕的語言。使用者都在二十歲以上，而群體內部的兒童也不再學習使用），另外十種人數較多的原住民族語言被列為「弱勢語言」（無法或較少在公共場合使用，也缺乏制度性的支持的語言），排灣語就落在此。二〇一五年原民會委託世新大學所做的族語狀況調查報告中，高達九成的族人以說族語為榮，然而實際上使用族語的人數卻隨著年齡下降，其中卑南族、賽夏族、邵族、拉阿魯哇等族的使用狀況皆低於三成。未來會說流利族語的族人年齡日益提高，若是現在不講族語，再過十年、二十年，這些語言非常有可能會就此消失。

目前全世界語言復振做得最好的就是紐西蘭毛利族。一九七〇年代，毛利長者意識到族語嚴重流失，起身帶領族人推動族語復振。他們發現，要讓孩子從出生起就沉浸在全族語環境，才有辦法傳承語言。結合家庭和學校的全族語環境，才能讓孩子安心地說族語，因此他們設立第一所毛利語幼兒園。三十多年來，毛利語也成為紐西蘭官方語言。毛利語復振成功的要素，就是部落團結與家庭支持，這也促使紐西蘭政府正視毛利語。現在毛利人甚至有了自己的教育體系，從幼兒園到大學都是全毛利語的環境。在台灣，原住民部落和家庭必須聯手敦促政府制定更完善的原住民教育政策，讓自己的孩子能安心自信地使用族語，這已是基本義務。

回部落遊學去

前面幾個方法都是我們在都市裡努力營造出原住民環境，但效果遠遠比不過不時把孩子帶回部落，這也是我最衷心的建議。從兒子出生開始，我們幾乎每個月都會把他送回部落一週，即便上了幼兒園，也請假送去部落遊學，一方面陪伴我母親，一方面也讓他沉浸在族語環境，讓他認識親朋好友，熟悉部落的地理位置；讓他對部落的人、器物、文化、自然環境產生感情。未來上了國小，寒暑假還可以送到青年團，[5]跟著部落哥哥姊姊學習為部落服務，參與每年的小米收穫祭，自然而然教養孩子成為部落的孩子。光靠血緣和理智是無法對部落產生認同的，唯有讓他與土地產生感情的牽絆，他們未來才會為部落努力。

近年來很多族人都是全家族搬遷到都市，家鄉已經沒有親人居住，因而無法將孩子送回部落。有幸的是，現在各縣市通常都設有部落大學，很多課程都跟傳統知識相關，例如台南札哈木部落大學、台北原住民部落大學等，全台共有十五所。很多部落也會在寒暑假舉辦體驗營，有些族群開設部落學校，對象為國小到高中的學生，例如台東的卑南族花環學校、屏東的排灣族大武山部落學校、宜蘭的泰雅族南湖大山部落學校等，都可以是送孩子學習的好地方。

事實上，讓孩子接觸部落環境的意義極為深重。部落中的山、水、動物、植物、作物、器物等形而下的事物，都是構成傳說、神話、儀式的重要元素，而這些元素的特殊性，是無法由其他東西取代的。澳洲的袋鼠無法取代原住民族的山豬去象徵獵人的榮耀，去代表一個人的成年，以分享共食去滋養族人；西式婚禮的頭紗無法取代排灣族婚禮和祭典上的頭飾去呈現頭目和貴族的權威和尊榮，去象徵對族人的責任。稻米對漢人的意義，就如小米對排灣族的意義。如果一個漢人根本沒有見過米，他就無法理解作為漢文化精髓的米食文化，但悲傷的是，排灣族的下一代很多根本沒有見過、摸過甚至聽過小米，更遑論要他們去認識排灣族最重要的小米祭典。

但我們就是在神話故事、儀式祭典中，再現出我們對於生命起源、生活經驗、死亡轉化的觀點，在部落特有的環境中，感悟出人與自然、土地的連結。例如我們不會在河流曾經走過的岸邊蓋屋子，因為河流有生命，會想念她以前走過的路。由於這樣的傳統智慧，舊部落即便遭遇風災水災仍舊屹立不搖。我希望，我的孩子即使生活在都市，也能夠從他的祖先傳承這些獨特而美好的智慧和世界觀。

註5　在東部排灣族社會中，自古以來設有青年團或青年會，例如拉勞蘭青年會、魯加卡斯青年團，由年輕人組成，主要工作為服務部落，以及執行頭目或傳統部落幹部所指示的任務。

STATION 4

做爸媽的第四站：關於我自己

當代的親職實踐，強調以孩子為中心的育兒方式，對許多父母而言，「做自己」成為困難的日常課題。成為母親，就該為孩子犧牲一切？工作和家庭可以兼顧嗎？在育兒過程裡，怎麼實踐自己的信念？這一站，我們討論「做自己也可以做父母」如何可能。傳統觀念對於父職與母職內涵的定義十分不同，好爸爸經常等同於賺錢養家者，好媽媽則被期待要對孩子的照顧親力親為。女人天生就會做媽媽？男人原本就不善於帶小孩？這一站，我們也將打破「模範母親」的思維，呈現不同的親職分工，提供「男主外女主內」以外的多元想像。

二十多年前，蘇芊玲《不再模範的母親》一書，顛覆傳統的母親形象，現在升格為阿嬤之後，她更敏銳比較了母職的世代差異，指出新一代母親面臨的挑戰。陳嘉新是大學老師，也是精神科醫師，他和太太協作的育兒經驗，不僅挑戰傳統以性別為基礎的分工方式，也提供我們對於父職與母職內涵的新想像。和上個或上上個世代相比，從前女人成為全職母親是因為沒有選擇，現在的女人成為全職母親則有部分是出於選擇。魏靜慧的文章描述她們如何開拓母職的疆土，在親職實踐裡尋求各種開花結果的可能，但又從她們的經驗中發掘出，育兒是性別與社會階級交織的產物。從事移工運動多年的蕭函青，娓娓道來這些離鄉背井來台工作的母親，如何跨海實踐母職，她們的生命故事又如何幫助我們認識母職的矛盾與多樣性。楊佳羚街頭抗爭的年資，遠遠超過她成為母親的年資，她相信街頭是教育孩子最重要的場域，並透過訪談一群同類的「社運媽媽」，指出以社會運動實踐母職所傳遞出的重要價值。

成為媽媽之後，女人的聲音往往被淹沒在孩子的哭聲裡。邱宜君觀察到，在生產之後，女人為什麼會漸漸失去自己？又要如何在社會加諸的期待中，重新找到自己。單親母親周雅淳從自己的育兒實作，展開一場漫長的社會革命，不結婚也可以，單親更不是原罪，有問題的是以核心家庭為想像的設計與制度安排。選擇成為單親，是不妥協的姿態。

模範母親緊箍咒難解——談兩代母職經驗的同與不同

銘傳大學通識教育中心退休副教授 **蘇芊玲**

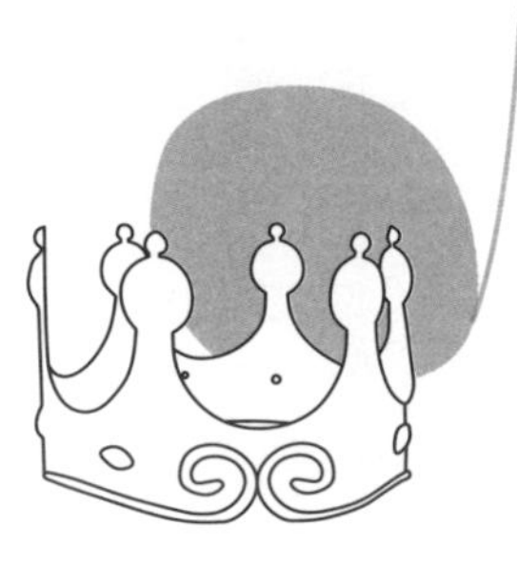

結婚前，並不覺得自己特別喜歡或想要小孩。婚後，對旁人「早生貴子」之類的祝福與叮嚀，雖覺得反感，卻也默默地將生養小孩納入人生計畫，還暗暗擔心萬一生不出來怎麼辦。好不容易出國念書了，學業還未完成卻意外懷孕，居然偷偷鬆了一口氣……

孩子出生後，衝擊接踵而至，我也才開始在實戰中認真思考當媽媽的意義。個人生活作息全被打亂，自主空間消失殆盡，是最大的挑戰。而在異性戀婚姻/關係中，有了小孩之後，媽媽受到的影響絕對大於另一半，爸爸即使有參與育嬰工作，作息與生涯通常大致還可以維持。以我自己為例，因為是非預期懷孕，小孩出生後就休學了兩個學期。回台就業之後，舉凡生涯規劃、托育方式、日常照顧等等，無不是以孩子為中心，但即使已經做到如此，還是常受周圍親友檢視：為什麼只生兩個女兒就不生了？有沒有親自做早餐？孩子為什麼養得瘦瘦的？穿的衣服好像不夠乾淨？總之是一堆「模範母親」專屬的緊箍咒。

兩代母職的變與不變

這些點滴，伴著掙扎與反思，促使我寫出了《不再模範的母親》和《我的母職實踐》這兩本書。當年的書寫，除了記錄、分享經驗，另有幾層用意：首先是對「模範母親」加諸在女性身上的束縛提出質疑，主張當媽媽的方式應該有百百種，而即使當了媽，女人也可以擁有自我，不必全然犧牲。還有，母職與女性的強力連結應該打破，家庭內的雙親職甚至多親職，都應該大力提倡、好好落實。最重要的是，政府要打造良好的托育政策和適合生長的環境。書出版之後，得到不少迴響。

時間飛逝，距離我的書寫已過了二、三十年。多年來，母職議題持續受到關注，許多女性也很有意識地在生活中實踐當媽媽的多樣方式，遺憾的是，制度面的改善卻仍然慢如牛步。幾年前，大女兒結婚生育，晉級阿嬤的我，也因此有了更多近身的參與和觀察。我很好奇，在不同時代/世代之間，母職的變與不變到底是什麼？

最顯著的變化，當然是許多現代女性拒絕或少生小孩的決定。短短二十年間，台灣的生育數從一年卅二萬直直滑落到二〇一〇年的谷底十六萬（這幾年小幅回升到二十萬出頭）。而我這一輩的女性，很難逃脫生育以及生兒子的要求，大眾如此定義女性的價值，很多女性也這樣自我內化。這一點，年輕世代有了大翻轉。

但不生或少生到底是自主的決定還是被迫的選擇，恐怕是個問號。一般輿論總愛以現代年輕人太自我、重享樂來評論這種趨勢，但問題恐怕複雜得多。如果這意味著現代女性已擁有生養小孩之外的自我實現路徑，應該可喜可賀，但如果這是因為她們感受到薪水所得、職場文化、托育政策、教育水準、治安環境等等，在在不利於生養小孩，因此不得不少生或不生，則令人遺憾。進一步務實地看，也很難說這不是明智的決定。

但即使有這麼多女性不生或少生，每年還是有二十萬左右的嬰兒出生。家有幼兒的媽媽，處境有比上一代好嗎？恐怕也不樂觀。統計顯示，台灣女性的就業率一向偏低且成長有限，二〇一二年才突破五〇％，同一年男性則有六六・八％。其中一大原因就是子女托育問題難解，許多媽媽因此得離開職場親自照顧小孩。按二〇一〇年行政院主計處的統計，未滿三歲的子女，自己照顧的占了一半以上。

堅持就業或必須就業的媽媽，問題又如何解決？答案是，大多委由親屬照顧，而且主要是家中的女性長輩，交給保母或其他托育的比率很少。同一年的統計，交由父母長輩照顧的有三三．六四％，委託保母的不到一〇％。也就是說，職業婦女的托育問題，大半仍只能在私領域解決。而其中階級因素十分明顯，教育程度較低、經濟狀況較差的女性，比較難從長輩親屬處得到協助。從教育程度看，大專及以上教育程度的女性，子女託給父母的有四成左右，國中及以下的只有兩成左右；前者託給保母的約為二〇％，後者只有約二％，七十五％都是自己照顧。依母親的收入所得看，也是同樣的狀況，高所得婦女，自己照顧、父母照顧和保母照顧的比率分別是二八．六％、二三．三％、三五．七％；低所得婦女則為七三．四％、二一．七％、四％[1]。

不得不在家的媽媽與不得在家的爸爸

平心而論，政府也並非毫無作為，例如在二〇〇二年因《兩性工作平等法》（現《性別工作平等法》）的通過開始實施育嬰假，二〇〇九年起發放育嬰津貼。但統計顯示，能（或敢）

註1　相關數據取自王舒芸、王品（二〇一四年）。〈台灣照顧福利的發展與困境：1990-2012〉。《台灣婦女處境白皮書：2014年》，陳瑤華主編，台北：女書文化。

請育嬰假的，大半集中於公教階層，近來雖也有些大中型企業跟進，但對在小型私人公司或從事基層勞動的眾多女性而言，育嬰假卻還是看得到吃不到的果實。育嬰假本身也有促進男女平等、提倡雙親職的用意，在保有工作的情況下，爸爸也可以申請育嬰假，分擔育兒的工作。但至今，申請的男性不僅遠低於女性，也同樣都集中在公教或中產以上階級。

與上一代相比，願意投入育兒工作的年輕爸爸，人數確實有所提升。記得二、三十年前剛從國外回台時，先生以背架揹著女兒走在路上，頗引起旁人側目；但現在推嬰兒車、抱小孩的男性已比比皆是。和女性相比，投入育兒工作的爸爸，無論質與量當然還有很大的成長空間，但這個問題，會不會也有「非不為也，實不能也」的困難？以競爭、獲利掛帥的企業，勞動條件嚴苛，爸爸在過勞或血汗工廠的壓榨下，實在難以有多餘的精力和時間分擔親職工作。二十多年前，作家朱天心的一個短篇〈袋鼠族物語〉，深刻描述許多年輕母親獨自帶小孩的孤立、絕望處境，映照當時媒體經常刊載的「攜子／女自殺事件」，令人唏噓！時隔多年，二〇一六年五月，還是發生某竹科工程師的妻子因丈夫長年加班，身心不堪負荷獨自照顧孩子的壓力而殺子再自殺的社會新聞，更是令人心酸。前些日子在小吃攤聽聞鄰座兩位年輕男性的對話，其中一位的太太兩年前生產後，因親自哺乳、獨力照顧孩子，身心疲累，出現明顯產後憂鬱，而從事旅遊業的他，卻因忙著帶團出國，無法在家陪伴，狀況頗慘。可見，整體制度與文化若無改變，個人經常只淪於有心無力。

年輕媽媽雖然相當程度地擺脫了多生以及生男的壓力，但社會並沒有全然放過她們。如何當個好媽媽的論述不但未減，反而形成新的壓力。以哺乳來說，當年我生女兒時，雖然知道母乳是很好的選擇，也盡力嘗試，但哺餵了一個月左右即決定停止，那時並不覺得有什麼愧疚。雖說母乳有其相對不可替代的優點，但影響是否哺餵母乳的原因很多，舉凡體質、健康、求學或工作環境等等，不一而足，無論如何都應該由女性自己做決定。遺憾的是，現在不親餵母乳的女性，很容易被批評不盡責、不夠愛孩子。

生育壓力減輕，養育壓力卻暴增的年代

照理說，多元社會應該容許個人更多自由發展的空間，但就養小孩這件事而言，似乎是背道而馳。好像總有個量表，隨時提供媽媽全面多方檢視小孩，身高體重正不正常、表現優不優秀，從何時斷奶、包不包尿布、什麼時候會自己上廁所，到什麼時候開口說話、會的詞彙有多少，等等。表面上這些量表是用來衡量小孩的發展，但實際上受到檢視的卻是媽媽，看看她們哪裡少做了或做錯了。

隨著孩子的成長，標準只有更趨嚴苛、單一，可以容許的範圍也愈加縮減。例如，近幾年兒童精神醫學的某些診斷就受到不少關注，不太活動的孩子被懷疑是自閉，稍微好動就被

懷疑是過動。在此並不是要否認兒童精神醫學的專業和貢獻，但就如同當代醫療的許多面向，其中的判準依據是什麼？有沒有過度診斷或濫用的可能？有沒有考量環境因素？更嚴肅的問題或許是，我們的社會到底想要養出什麼樣的小孩？若社會沒有好好思考、討論這件事，學校老師或其他人就輕易地建議孩子去就醫，而就診、服藥、治療、追蹤等工作，又大多落在媽媽身上。比起過去，現在的孩子更被要求遵照固定和標準化的成長模式，不僅對小孩不公平，剝奪了他／她們的個別差異，也成為當代許多母親難以承受的重擔。

過去，母職多屬婆婆媽媽經驗，是女性之間的某種傳承；現在，網路世代的媽媽不再那麼向女性長輩學習育兒了。現代媽媽透過網路，或分享經驗、傾吐苦水，或請教難題、轉發訊息，或推薦好物、團購下單，無遠弗屆，便利迅速。但網路裡莫衷一是，彼此衝突的資訊也多得嚇人，可能也會讓媽媽無端生出焦慮，平添煩惱。

二、三十年來，台灣的婦女運動累積了一些成果，其中有一些我們這一代不見得能享受到，卻嘉惠了年輕世代。大女兒在生下兩個小孩之後都請了育嬰假，也享有育嬰津貼。但她任職於私人企業，請完第二次育嬰假之後還是決定辭職，成為專職媽媽，主要是因為私人企業工作時間固定，若沒有父母長輩可以就近協助，小孩只能送托兒所，花費昂貴之外，每天起早趕晚地接送也十分累人，小孩待在托兒所的時間又十分漫長，若遇到小孩發燒、生病，經常請假也很有壓力。這些，對家有幼兒又想保有工作的女性來說，都是棘手的難題。無法取得平衡的人，只好做出取捨。即使是年輕世代，照顧幼兒的日常諸事，還是當媽媽的承擔最多、受影響最大。回想自己養育兩個女兒時，之所以還能應付，是因為夫妻雙方都在大學任教，自主、彈性的工作時間較多，而住在附近的婆家也幫了相當的忙。

要比較兩個世代的母職經驗，還真不容易。世代之外，階級、職業種類、城鄉、族群，還要加上性別角色、家庭型態、社會變遷等等，影響因素實在太多。總的來說，養育一個孩子絕不是一個母親或一個家庭的事，而是需要一整個村子的力量。反過來說，若每生產養育一個小孩，就多一個不快樂的母親，也非社會之福。因此，完善的公共托育和適合小孩的成長環境，還是關鍵。而這有待我們所有人，持續努力，呼籲、監督政府落實，才能打造出來。

STATION 4-2

媽媽陪玩，爸爸育兒？——鬆動的家庭性別分工

國立陽明大學科技與社會所助理教授／精神科專科醫師
陳嘉新

我通常會跟不相熟的人這麼形容我的小家庭：「我們夫妻有三個小孩：一個四歲多的女生，然後是一男一女的雙胞胎，剛滿一歲。」從對方如何回應我這段陳述，可以推知他／她對於家庭的想像與理解。有些人的回應是：「好棒喔，一定很幸福吧！」有些人則會說：「真好，生小孩這件事情就一次解決了。」前者是浪漫化的情感投射，聚焦在生兒育女的美滿形象；後者則是意味深長的評論，顯然預設了生兒育女的最佳數量或者性別分布。不過也有些

人直搗黃龍，問些實際的問題：

「那你全家出門陣仗好大，要換車嗎？」

（「您真有概念，我車子早換成七人座的，不然怎麼放得下三個安全座椅？」）

「你小孩要託給長輩照顧嗎？」

（「可是我們夫婦都沒有合適的長輩可以照顧小孩，這路行不通啊。」）

「喔，那你太太有要請育嬰假嗎？」

（「我們運氣好，剛好有保母願意帶雙胞胎，不過，你怎麼會提到我太太要請育嬰假這件事情？怎麼不問問我要不要請育嬰假？」）

這樣的對答還可以一直延伸，不過最後一個問題饒富趣味。如果繼續下去，我們還可以問：當小孩數目增加的時候，夫妻應該如何分配包含育兒在內的家事呢？畢竟，要不要請育嬰假以及誰應該請，都牽涉到如何分配有子女家庭的家務分工問題。

家務分工的性別意識形態

許多家庭都有著「男主外、女主內」的傳統意識形態，這既區隔了男女不同的社會空間（家外／家內），也反映出個人對於工作與家庭責任間的區隔能有多大的支持。社會學家戴維斯（Shannon N. Davis）與格林斯坦（Theodore N. Greenstein）稱這樣的意識形態為「性別意識形態」。他們回顧社會學相關研究，歸納出以下幾個常用來測量性別意識形態的相關項目，包括：是否將經濟提供者角色視為優先、是否相信社會空間男女有異、職業婦女的家庭關係品質如何、妻職／母職與女性自我的關係、夫妻分工的家事效能，以及接受男性特權的程度如何。性別意識形態聽起來雖然抽象，但是這些測量項目卻跟家庭生活息息相關，包括了生育選擇、子女照護、家務分工、關係穩定度、關係品質、工作收入與教育等面向。[1]

對於我們夫妻來說，在確定懷孕之後，最實際的問題便是：如何分配日後照顧小孩的工作？當時我雖已取得社會學博士學位，卻還在醫院執業，有夜診也需要值班；而妻子在學術機構中的工作也相當沉重。要放下累積多年的研究所得，請育嬰假在家帶小孩，對我們兩個都有困難。所幸我後來剛好得到機會轉換工作，得以放下臨床醫療而發展社會研究的興趣。更棒的是，在妻子也不介意我的收入減少許多的情況下，我可以努力協調出比較平衡的工作與家庭生活。

社會的性別平權如何影響家務分工

這個經驗也讓我想到經濟基礎的重要性。就算我比較具有性別平權意識，但如果沒有雙薪收入的穩定基礎加上職業選擇的絕妙轉機，即便我想承擔多一些育兒與家事，也是不可能的事。同樣的，錢不夠，也就談不上換大車載全家出遊了。另外，假設我的妻子是家庭主婦，那麼我轉換工作的經濟衝擊就會比現在大，能夠調整家事分工比例的可能性也就較低。夫妻都具有性別平權意識與分擔意願固然很好，可是畢竟時間與體力都是有限的資源，夫妻雙方討論如何分配家務的同時，往往也得先撥撥算盤，確保如何才能維持家計穩定、衣食無虞。

社會學研究發現，家務分工除了受到性別意識形態的影響，最常舉出的另一套詮釋模型則是經濟資源模型，也就是以夫妻雙方的相對經濟收入來決定家務分工方式。這也是為何男女「同工不同酬」的收入不平等可能會對家庭結構與分工產生深遠的影響。

不過，把我們夫婦的經驗拿來跟某些社會學研究對照，讓我有了另一個啟發。胡與賀茂兩位學者以中研院的「台灣社會變遷調查」資料進行統計，結果顯示：前述的平權態度或者經濟優勢並不太能解釋婦女家事工作的相對比率（該研究估計婦女負擔了約莫七成的家事勞動），關鍵在於婦女的職業地位。[2]換句話說，家事與育兒分工不僅僅牽連到夫妻相對的經

註1　Davis, Shannon N. and Theodore N. Greenstein. 2009. "Gender Ideology: Components, Predictors, and Consequences." *Annual Review of Sociology* 35: 87-105.

註2　Hu, Chiung-Yin and Yoshinori Kamo. 2007. "The Division of Household Labor in Taiwan." *Journal of Comparative Family Studies* 38(1): 105-124.

濟能力或者意識形態，某種程度也受到彼此職業位階的影響。我的妻子在上述研究的分類裡被歸類為「經理人或專業人士」，不論收入水平如何，這個身分本身就具有主張如何分配家務的正當性。如果再把職業選擇扣連到女性的教育水平提升與工作機會平等這些因素，那麼家務工作分配的議題還是跟家庭以外的社會議題有關，例如性別在教育與工作場域中機會是否平等。整體來說，要能夠扭轉不恰當的家事分工模式，除了組成家庭的成員要能夠開放地討論平等且貼切的分工模式，或許更結構性的關鍵還是在於性別平權的勞動場域與教育提供。

家務分工的實踐現場

脫離這些大尺度的描述，實際生活中的家務分配往往變動不居，缺乏定則，隨著不同時期的狀態與需求而逐漸演化。一般來說，運氣好些的家庭有長輩可以協助部分家務（但相對來說，同住的大家庭也意味著更多的家務量），而對於缺乏人力資源與經濟能力的家庭來說，家務就只能分配給家庭內成員分擔了。以我們這種雙薪家庭來說，如果無法尋求其他家人的協助，勢必就要把部分親職外包，例如尋求日托的育兒服務。至於育兒以外的家事，就由我們夫婦拆分。拆分方式有時候是依照適性原則：我比較高，所以負責曬衣服；她比較擅長烹飪，所以大部分時間由她下廚。有時候則是依照工作性質來拆分，例如當老大還小的時候，我還在醫院上班，需要早起，所以會在出門之前負責餵飽小孩，然後帶去保母家。傍晚的時候，再看我們夫妻誰比較有空可以接她回家。另外，家務還會依照個人所學來分配，例如：因為我有醫療背景，我很自然便接手小孩生病時的求醫與照護；而因為妻子的學術工作取向，她就負責帶領小孩認識自然世界的奇妙。當然，有些親子活動是雙方都可以進行的，包括餵飯、換尿布、洗澡、讀繪本、做剪貼、講故事、出去玩。

去年雙胞胎降臨之後，家務與育兒的工作暴增，我們只好進一步外包更多家務。儘管如此，每天還是反覆重演薛西弗斯的神話：餵完小孩要換尿布、換完尿布了要洗澡、洗完澡了以後小孩又餓了。不甘心關愛被人分走的老大也不時發出抗議與哭泣。每天晚上我陪著老大入睡的時候，總感覺一整天好不容易推上山的石頭，明早醒來就要落回原位；而當我早上被兩個小小孩肚子餓的哭聲吵醒，揉著眼睛起床泡奶的時候，總是想到卡繆這麼描寫過薛西弗斯：「他勝過了他的命運。他比他的石頭更為堅強。」是啊，我要比那些奶瓶、尿布跟哭聲更為堅強。

當然，我這樣的描述或許過度聚焦在家庭生活的勞務強度與不免隨之而生的荒謬感受上，讓人容易把這些活動都想成了只是等待分配的工作，卻忽略了這些育兒與家務操持具有的正面情感回饋。前述家事分工的解釋模式雖然涵蓋了經濟資源、職業位階與意識形態，對於育兒部分的主觀情感因素卻較少著墨，然而這正是有子女家庭的家務勞動明顯異於一般勞動分工的地方：原本只會吃喝拉撒睡的小孩終究在你昏天暗地的忙碌之中學會爬了、學會走了、開始叫爸爸媽媽了。或者，在辛苦的家事結束，家裡地板又難得乾淨，髒衣服也都洗好曬好之後，能暫時享受到空氣裡面終於嗅到的一點秩序感⋯⋯這些無法計算、難以定形的小小愉悅，往往沒有列入家務勞動分配的解釋模型。也許它們終究是個人的虛妄意識，但或許也是這些主觀感受，支持著包含我在內的眾多家長，日復一日地執行親職，努力協商並操持著像薛西弗斯的石頭一般的家務。卡繆說的好：「掙扎著上山的努力已足以充實人們的心靈。人們必須想像薛西弗斯是快樂的。」

STATION 4-3

我該選擇回去工作，還是在家帶孩子？
——談工作與育兒的拔河

陽明大學衛生福利研究所碩士 **魏靜慧**

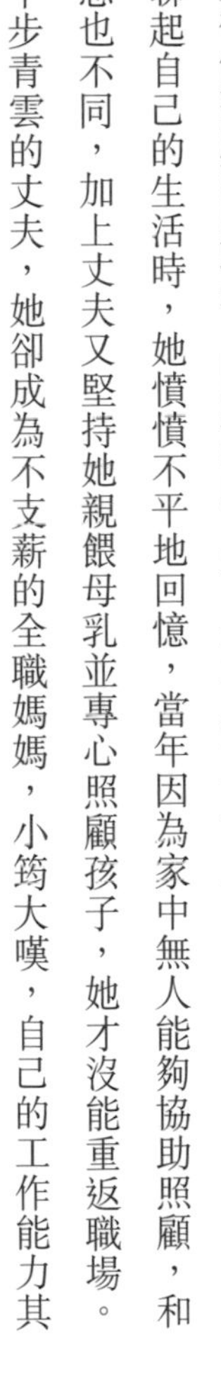

好友小筠婚後便決定離開職場，回歸家庭，有了孩子後更成為全心照顧小孩的全職媽媽。

好幾次和好友聊起自己的生活時，她憤憤不平地回憶，當年因為家中無人能夠協助照顧，和長輩的教養觀念也不同，加上丈夫又堅持她親餵母乳並專心照顧孩子，她才沒能重返職場。相較於職場上平步青雲的丈夫，她卻成為不支薪的全職媽媽，小筠大嘆，自己的工作能力其實不錯，當年也不乏升遷的機會，如果沒有離開，或許她現在已是主管，發展甚至比丈夫更好。

小筠現在的生活以孩子為中心，每天精心估算孩子上下學的接送時間，用心評比課後活動與才藝班的選擇，煩惱著寒、暑假的安排。雖然，她總是強調陪伴孩子成長的喜悅，語氣裡仍透露出一絲遺憾。她說，每天的日子很忙碌，有時卻有不知道為何而忙的失落和茫然。

因為研究訪談的關係，我認識了和好友小筠一樣擔任全職媽媽的女人，她們多半擁有大學以上的學歷，離開職場前有份白領的專業工作。此外，台灣生產之後請育嬰假的女性，人數是父親的五倍[1]；而育嬰假結束後，女性因為「家庭因素自願離開職場」的，更是男性的四倍。這也難怪近年來教養書作者、部落客媽媽以及共學團或是ＰＧ團（play ground，學齡前幼兒遊玩小組的簡稱）如此盛行。令人納悶的是，她們為何願意捨棄大好的前途願景，成為隱身家庭、失去舞台鎂光燈的全職媽媽？

「全職媽媽」是我的選擇？

成為全職媽媽，在小筠的例子中看起來是她個人的「自由選擇」，但刨根究柢，背後其實存在著左右個人抉擇的社會脈絡因素。

我認識的這些媽媽，多以自己產後工作能力受限或以家庭為重等理由，解釋她們「自願」離開職場的考量。例如雅婷因為懷孕初期害喜嚴重，但工作又得久站及搬重物，她擔心影響胎兒，於是選擇提早離職。艾美則是約聘的研究人員，雖然有育嬰假，卻找不到職務代理人，因而無法享有國家法律給予的權利。也有人像佩慈一樣，擔心育嬰假結束後會被調換職務，而自願以資遣的方式離開職場。

然而，孕婦確實無法久站也不適合搬重物，公司未能顧及孕婦員工的生理限制而給予適度的支持（例如提供額外人力支援或是調整工作型態），說明職場環境經常無視孕婦的需求，可能也不視員工為重要資產。研究性質的職務經常找不到代理人，研究單位卻礙於規定而無法彈性調整計畫，制度的僵硬說明了即便國家級機構也並不真正在乎育嬰假是否能落實。至於民間公司的職員，懷孕後工作朝不保夕，生理上的限制也經常讓孕婦自責能力不足，「自願資遣」因而成為孕婦和產婦利害相權之下經常被迫做出的選擇。

此外，「媽媽是最佳照顧者」的觀念，也影響這些女人在工作與家庭間的取捨。社會學家海伊斯（Sharon Hays）提出密集母職的概念，描述當代母職的意識形態為：孩子由自己照顧最好、以專家知識為導向、以孩子的需求為中心及優先、母親需投入大量情感並犧牲自我，

註1　資料來源：勞動部性別勞動統計專輯—婚育與就業的關係—育嬰留職停薪概況 http://www.mol.gov.tw/statistics/2452/2465/

以及投資大量時間、金錢及精力以滿足孩子在每個發展階段的需求跟欲望。在訪談的案例中，婷婷的婆婆及丈夫認為孩子的成長只有一次，他們強調婷婷作為母親，更不應該錯過孩子成長的每一小步。玉真從自己過去的經驗以及念護理的專業訓練，認為自己就是孩子最好的照顧者，無可取代。

對於那些能夠跨越「自己照顧最好」迷思的媽媽，她們在轉向尋求市場照顧時也遭遇重重困難。有人面對市場琳瑯滿目的選擇，不知道如何判斷；有人焦慮照顧品質，擔心孩子會面臨不可預知的風險；有人煩惱自己的薪水不算優渥，支付托育費用後還能剩下多少？也有人得面對配偶及家人的質疑，要不斷證明「有工作的媽媽也是好媽媽」。

於是，「全職媽媽」不是真空環境下的個人選擇，而是社會結構限制的結果，包括：不友善的職場、傳統的性別分工，以及密集母職意識形態的推波助瀾。這二、三十年來，台灣社會看似更公平地對待女人，透過受教育、有薪勞動，她們發現自我的更多可能性。但是，訪談中這群全職媽媽的經驗卻呈現了，在目前的台灣社會，女人要成為她自己，依然得跨越重重障礙。

母職的滋養：力量的來源及自我增能

即便如此，成為母親，仍是許多女人生命裡獨特的經驗，透過日以繼夜的照顧，她們發展並享受和孩子的親密連結。我認識的這群全職媽媽多半肯定母職的美好，珍惜陪伴孩子成長的時光。如郁迄今想起孩子的成長仍舊充滿驚歎，孩子第一次翻身、第一次站起來、第一次邁出人生的步伐，孩子日常生活裡的每個第一次，都是她成就感的來源。美華對孩子的出生記憶猶新，兒子出生時女兒幫忙照顧弟弟的那個畫面，在她來說彷彿只是昨日。這些媽媽帶著少女戀愛的口吻回憶她們與孩子一起累積的日常點滴，也相信自己付出的心力換得的是孩子的愛、信任和安全感。

不少媽媽強調，跟著孩子的腳步，好像也重新認識了世界和自己。育兒的過程，也是自我成長的過程。婷婷擔任全職媽媽後又生了第二個孩子，她對於成為全職媽媽的選擇沒有一絲後悔。對她而言，當全職媽媽是不斷發掘和探測自己能力的極限。她說：「我覺得當全職媽媽，是發現自己的潛力！原來我也可以成為母親！」

筱敏在老三出生後選擇離職，專心做「母親」這份工作。因為孩子的健康，她加入主婦聯盟，從一開始只是單純想給孩子安全的食物，慢慢地也開始關心重要的環保議題，包括核能安全及空氣汙染。筱敏的故事重新詮釋了什麼是「為母則強」，她對自己孩子的愛成為她持續關心生活居住環境的動力。

這些全職媽媽從育兒的日常瑣事裡開始，發掘母職可能創造的意義，以及身為女人與母親的無限潛能。母職，不僅成為實踐自我的場域，也為許多母親開啟另一個世界的門，像是筱敏的社運之路。

母職的矛盾

做母親的經驗有很美好的部分，但是，我們的社會大多時候都忙著歌頌母職的甜蜜和媽媽犧牲奉獻的愛，卻忽略身為媽媽可能的掙扎、挫折和失落，特別是廿四小時與孩子貼身相處的全職媽媽。離開職場後，育兒工作不僅改變原有的社交網絡，時間安排與分配的優先順序也都給了孩子，很容易成為孤立的原子。媽媽都有類似的感嘆和無奈，孩子三歲以前，生活世界幾乎等同於家的空間，一整天下來，除了和孩子間的「童言童語」，遇不到幾個人，說不到幾句話。佩慈就表示：「我也想要滑滑手機，跟朋友聊聊天，看一看臉書以及更新朋友的動態。」美華帶著一絲惆悵說：「妳也是需要自己的空間、時間和朋友，在家裡其實不太交得到朋友！」有了孩子之後，女人容易陷入原子化的孤立狀態。

每天以孩子為中心的生活，讓不少女人感嘆沒有自己的時間，她們往往將孩子的需求擺在日常排序的最前面，而自己呢？可能連好好洗澡，甚至是專心上廁所的時間都沒有。淑婷就說：「當媽媽之後，常常忘記自己是個女人，小姐時候喜歡擦的指甲油，現在只能束之高閣。」除了日常的喜好，這群女人更為孩子割捨自己曾有的夢想和生涯規劃。美華原本是廣告公司的經理，她說，自己以前最大的願望是當上總經理，但廣告公司的長工時讓她無法好好陪伴孩子，小孩一歲多的時候，她毅然辭去工作。帶著略消遣的語氣，她說：「我現在也是『總經理』，是管理一家大小事務的總經理。」美華很滿足目前全職的育兒時光，但她偶爾也會質疑，等孩子大一點之後，她是不是還能回到職場工作？是不是還能重拾自己的人生？

選擇成為全職媽媽，放棄的不僅是原本的人生安排，還包括實質的薪資收入，以及經濟自主權可以帶來的安全感和保障。佩慈為了要照顧孩子，選擇離開職場，但她不時為未來的不確定而擔憂。雯雯也會想念可以自己支配金錢的生活，以及擁有有薪工作帶來的踏實感。她們雖然肯定母職的價值，但又因為母職的無酬而深感無力。

第三種選擇：母職與工作難以兼顧？

成為母親後，要選擇工作還是育兒，是許多現代女性最困難的選擇。

上個世代的女人，爭取的是外出工作的權利，但隨著女人受教育權利的普及，以及勞動參與率的上升，這個世代的女性面臨的是工作與家庭的蠟燭兩頭燒。她們掙扎於該不該放棄工作，為的是不錯過孩子每個成長的階段。

當然，選擇全職媽媽，不僅是性別的議題，也是階級的議題。我認識的這群全職媽媽都因為結構限制與意識形態的影響而成為全職媽媽，但家庭的社會階級也形塑了她們不同的母職經驗。這群媽媽中，不乏有人得為五斗米折腰，一方面要平衡家中的財務，另一方面又希望給孩子好的成長環境，她們得錙銖計算，或是趁著育兒與家務的空檔從事代工、網拍這類工作。但當中多數人擁有經濟優勢，另一半從事專業工作，薪水足以支撐家庭的日常運作。她們少為金錢憂慮，時間都花在煩惱與規劃如何給孩子「最好」的安排。甚至，她們會將母職與家務中較能夠由他人代勞的部分外包給鐘點阿姨或是家事服務員，她們相信時間要用在創造與孩子有品質的相處上。但就算是這群看似享盡「特權」的媽媽，也會感到無力、挫折與孤立無援。這揭露了國家政策的不足以及密集母職意識形態的影響。

過去的研究已經指出，女人和男人在面臨職業生涯與家庭照顧的抉擇時，考量的因素十分不同，社會對於他們的選擇也給予相當性別化的評價。女人往往為了家庭和育兒責任放棄或犧牲工作上更好的發展，男人對事業的全力衝刺則被視為理所當然。

如果，我們鼓勵女人珍惜做母親的經驗，是否也應該同樣邀請男人享受做父親這回事？當女人為了家庭放棄事業時，男人為何沒有為了家庭而放棄事業的掙扎？我們的國家與社會，是不是能夠提供更多的支持，讓每個人做更「自由」的選擇：每個女人和男人都可以是孩子最好的照顧者；每個女人和男人也都可以是養家者。讓工作與家庭不再是二選一，難以兼顧的魚和熊掌。我們的社會，會有全職媽媽，也許會出現越來越多的全職爸爸。

STATION 4-4

不結婚可以嗎？——打破核心家庭想像的單親母職

東華大學通識中心兼任講師，NGO工作者，臉書專頁「單親媽媽和她的小孩」作者

周雅淳

二〇一〇年，我在未婚狀態下生了一個孩子，連同懷孕迄今已超過七年。不同於許多人將未婚生子視為羞恥、悲慘的事情，需低調以對，我清楚意識到我所擁有的知識、社會網絡條件及所處的階級，也知道我跟其他類似處境的女人相比，更容易對抗既存的偏見與歧視。「讓孩子看到母親坦然積極的態度，就是教她對抗偏見歧視的最好方法」以及「如果擁有這種條件都不發聲，那我不知道社會有什麼改變的可能」，在這兩個想法下，我開始有意識地

記錄下育兒歷程及相關的社會觀察，並穩定在部落格及臉書發表，也因此結識有類似經驗的個人、家庭，進而進行私人或公開的討論或連結。這篇文章的主要資料都來自這些網路活動。

當然，我並不天真地以為單憑這些經驗，就足以得到「單親並非弱勢」的推論，相反地，就是這些優勢條件所能提供的解決方案，使得此一個案更能凸顯文化、經濟、制度等各種面向存在的問題：這些問題並非單親獨有，單親的困境只是反映了整體社會照顧、性別等政策之不足。

以下，我將從「三十八歲不婚生女、社會學博士班學生、父母為退休公教人員不需子女奉養甚至可提供經濟援助、工作以接案或大學兼任講師為主、朋友網絡緊密」的位置出發，以發生在自己身上的實際故事，分析單親媽媽的母職實踐可以讓我們思考哪些問題。同時，也在「都市中產階級知識分子女性主義者」的知識、階級、性別等條件交錯下的位置，對於自我行動進行分析和再詮釋；並從懷孕、生產、育兒等自身經驗出發，看見現存社會制度、文化價值、性別體制下，單親身分所面臨的困境和解放的可能。

一個人賺錢可以嗎？

理想上，單親只是一種家庭形式與狀態，不應直接被定位為弱勢；但在實務上，單親家庭似乎更容易成為需要幫助的一群人，其共同困境是某種不容否認的社會現實。一般來說，福利或救助制度的設計往往以扶助個別單親家庭出發，但其實，台灣社會預設的性別結構、工作時數、制度設計等，皆以雙親俱備的核心家庭為唯一考量，而這在在成為單親家庭的困境。這些普遍存在的問題，必須從性別、勞動、家庭體制等制度性面向通盤檢討，才有可能真正實現「單親是一種狀態而非弱勢」。

經濟困難或拮据，是許多單親家庭的共同處境。以我自己為例，孩子出生時，我還有一筆存款，但五年下來，經濟狀況呈現如下模式：靠吃老本做一些重要的事（考資格考、搬家、專心寫論文之類）→積蓄快空了，趕快接工作賺錢（此時論文停擺）→累積到可以撐下去的金額，再度停止工作，繼續寫論文。許多經濟陷入困境的單親家庭，基本上都處於類似的循環，不斷補洞，哪天洞補不起來，就是垮掉的時候。

不過，造成單親家庭經濟困難的原因並不是只有一份收入，而是這個社會並不把女人在家中負擔的照顧或家務視為具有產值的工作。講簡單點，若以請保母和家事服務員的行情來計算，分別是一個月一萬八千元和兩萬五千元。因此把孩子帶在身邊的家庭主婦，薪水少說有四萬三千元，這還沒納入廿四小時待命的加班費。

在核心家庭裡，就算只有一份薪水，卻還有另一人擔起具有高度經濟價值的家務和育兒工作，這跟單親家庭一份薪水的意義是完全不同的。核心家庭的一份薪水，只需用來支付家庭成員的生活；單親家庭的一份薪水，除了支付家庭成員的生活，還要負擔照顧和家務。也就是說，由於單親家庭無法同時扮演「負擔生計」和「日常生活照顧者」兩種角色，所以必須賺更多錢才能涵蓋這兩種需求。

因此，「幫助弱勢單親媽媽就業」其實並不是單親家庭的出路，除非能夠生出一份兩倍薪水的工作，否則單親母親很難兼顧家人的生計和日常照顧。

這大概是為什麼，我所認識的單親媽媽，只要是經濟和生活完全獨立（或只需要很少的奧援），工作幾乎都是業務、保險、直銷等工時彈性的工作，雖然「彈性」的意思是她們幾乎必須沒日沒夜地拚命。然而，如果是在一般企業上班，相關勞動法規、不成文的職場文化，都讓單親家長處於極為不利的位置。以家庭照顧假為例，雙方均就業的核心家庭，就硬是比單親家庭多了一倍的假可請。單一照顧者會請更多假、因應付不暇導致工作表現下降等狀況，常會讓單親家長做不下去而辭職。

回到我自己。打從孩子出生後，我就用「高時薪的兼差工作」勉強維持經濟、學業與家庭，但這樣的「補洞狀態」在持續五年後，再也撐不下去，原因在於撰寫博士論文是一件必須全神貫注的事。即便父親提供了部分經濟援助，但基本開銷仍遠超過他能協助，而我也不願老父如此操煩，便斷然做出放棄學業的決定，進入ＮＧＯ工作，加上移居花蓮，基本生活費遠低於大都市，終於可以真正在經濟上獨立養小孩。

一個人扶養小孩可以嗎？

生一個小孩要花全村之力：醫療體系對照顧人力的預設

我的生產住院期間，由於家中沒有照顧人力，因此是由七位朋友排班，在剖腹產手術加住院的一週內輪值照顧我。從正面的角度看，我的支持系統堅強，已經超過一般對於「照顧工作由家庭分擔」的想像；但反過來想，這仍是一種以私人網絡取代家庭關係的狀況，而有多少人能夠一次動員七位朋友為妳請假？

這反映了醫療現場的兩個實際狀況：一是在專業醫療人力緊繃的狀況下，住院現場許多照顧工作被迫私人化；二是在醫院生產過程中所謂的母嬰親善，仍是將生產醫療化、一貫化、去人性化，未以產婦需求考量而以醫院方便運作為主。

我的例子反映了醫療體系預設病人擁有足夠資源來彌補醫院人力的不足，至於「沒有這種預設資源的人」則毫無補救措施。丈夫或家人照顧並未納入標準的醫療程序，卻是整套生產照顧工作不可或缺的人力，病人／產婦一旦缺乏這種照顧資源，又沒有財力聘請私人看護時，無疑是讓整個情況雪上加霜。

雖然我的例子是剖腹產，已由生產的人類自然行為轉為醫療行為，但我們可以從這個例子更進一步肯定目前生產改革運動所提出種種主張，包括以產婦需求為主的生產計畫書、溫柔生產、在家生產、讓助產士重回產檢及接生現場、公衛護士的再引進等，都是從制度面來改善生產問題，直接幫助非婚姻狀態中及因其他原因而沒有私人照顧系統的產婦。

一個人不可能獨力養小孩：人際網絡對單親照顧的影響

「單親父母獨力養大小孩」這種單親家庭圖像，基本上是一種不可能存在的迷思。就算是單親父母，也必須跟他人合作，一起把小孩扶養長大。所以要看到的是，單親父母身處怎樣的照顧網絡？必須付出哪些代價？又是跟哪些人一起扶養小孩？

以我為例，從孩子出生到現在七歲，她的托育和協同照顧網絡發展史，基本上與我的生涯需求互相牽絆：從出生到一歲半，我自己負責照顧，同時完成兩科博士資格考。一歲半到兩歲，我開始全職工作，在銜接幼兒園的半年間有待業中的朋友伸出援手負擔白天照顧工作。孩子兩歲起進入幼兒園，我白天送到幼兒園，晚上接回家照顧，期間不時有朋友幫忙。

不管在哪個階段，單親父母都需要幫手。例如在孩子還不會走路時，當我需要到外地上課、考試，到任何不適合帶著孩子的場所，甚至只是上廁所洗澡，都會把孩子托給當時照顧母親的外籍看護，而這是違法的。這種違法不但反映了弱弱相殘的現實，也凸顯看護移工住居及工作場所不分所導致工作界線難以劃定的問題。又或者在我進入全職工作、銜接幼兒園託朋友帶的半年間，我每天都必須在新店、新莊、台北市中山區三點移動，當時我一度覺得

「唯一能讓我醒來的辦法，只有直接去撞牆了吧！」以及「我真的好想去撞牆啊！」從我的例子可以清楚看出，仍須在制式上下班、上下課時間運作的托育，對單親父母來說是不足的。單親父母的人際網絡和資源，很大程度決定了這個家庭的能動性及對生活的掌控程度。階級優勢不但反映在經濟層面，也隱微決定了單親家庭孤立的程度。

沒有伴侶可以嗎？

一個未婚女子發現自己懷孕了。接下來會發生哪些事？

一般來說，男女主角的情感狀態就決定了不同的腳本：感情好的，可能硬著頭皮稟明雙方家長，快速籌備婚事。也可能等孩子出生、坐完月子，家庭生活上軌道後，再行舉辦婚禮。不管是先辦婚禮還是先生小孩，只要兩人感情穩定，幾乎都是走向結婚一途。

如果兩人感情不那麼穩定呢？很多時候，糾紛是免不了的，因為雙方對婚姻的期待並不一致。我們在成長過程中絕大多數都沒有好好地被教導感情有多複雜，很多人都是在「上大學前：不准交男女朋友；上大學後：你怎麼還沒有男女朋友」的要求下長大，彷彿一進入大學就會自動懂得「感情」。而我們對於專一、承諾的要求，往往導致對於感情的想像是單方向的線性發展，談感情是對於未來那個「永遠」的追求，而那個「永遠」的形式就是婚姻。

單親家庭的存在就打破了這種對永遠的想像，並且呈現人類情感更複雜的狀態。如果成人能夠將過程中的傷害轉化成力量，孩子可以學到的，不光只是怎麼愛人，還有如何不被愛卻無損自我價值。因此勇於去談不存在於家庭中的那一方是重要的，而如何談也是重要的。單親父母往往因為過往的恩怨，很難不帶情緒地描述離開的那一方，這種情緒聽在孩子耳裡，很容易轉變為對自己的壓力。誠實坦然、不特別美化也不刻意醜化、對於自己的負面情緒及快樂感受都好好面對、不要忘記孩子是從當年的美好而來，這些態度對於建立孩子的自我認同是重要的。更進一步說，這樣的「失敗」歷程也反而讓孩子有更好的情感教育。

打破固定而刻板的性別分工與角色

認為家庭中要有父母親的角色，通常有個很重要的論點：要讓孩子學習不同的性別角色，缺乏其中一人，會讓孩子的角色學習不完整。這種認定通常對於男女區分有較固定的想像，落實在生活中，往往就是以性別來分工家庭活動，例如爸爸開車媽媽煮飯、爸爸陪玩媽媽照顧等模式。

然而，這種分工模式正是在社會整體性別不平等下建構孩子最原初的人格。由於很多父母自己就是在這種教導中長大，因此在教養過程中，勢必花費更多心力來突破社會甚至自己設定的性別角色。核心家庭因為是由一男一女組成，特別容易落入這種分工模式，因此即便父親在當代家庭中已經逐漸負擔較多家務，但母親仍是家務勞動的主要承擔者，並且在家務分工上仍呈現性別區隔，如母親負責煮飯、父親負責修理工作等。

單親家庭之所以較容易打破性別分工，在於這位負起全責的家長很弔詭地因為沒人可以分擔工作而被迫全能，即使有些事情做不到，孩子看到的也不是「因為特定的性別所以不會」，而是「因為能力不及所以不會」。

如果再加上因為單親而被迫建立的人際照顧網絡，孩子會因為有更多成人參與她建立認同的歷程，而有更多元面向的發展。例如我的孩子在這樣多元認同的成長歷程中，發展出比同齡兒童更多方向的興趣，舉凡汽車、飛機、積木、拼圖、洋娃娃、玩偶、扮家家酒、畫圖、閱讀、運動、跳舞，她都喜歡，並且因為經常接觸各種親疏遠近、不同個性的大人，也發展出面對不同人的不同應對方式，這些都不是由雙親完全負擔教養責任的核心家庭容易做到的。這並不是說單親比雙親好，而是不同家庭會面對不同困境，以及隨之發展出來的應對方式，只要能夠正面引導，孩子都能有健全發展。更進一步，或許孩子發展健全與否跟單親還是雙親沒有直接關係，而在於這個家庭給予她什麼樣的價值觀和訊息。

建立家庭多樣化的友善結構

「一夫一妻」、「爸爸媽媽」的預設，是如此普遍存在這個社會中，許多單親家庭往往苦於對抗這樣龐大的壓力。然而，我們若能看到社會中其實普遍存在著多元的家庭形式，也不預設某種家庭形式就是有缺陷，那麼就更容易看清這種一夫一妻、一父一母的模式，並非幸福的唯一真理。

舉例而言，我的孩子目前實際接觸到的家庭形式，就包括了：有小孩的異性戀家庭、沒有小孩的異性戀家庭、跟祖父母同住的三代同堂家庭、媽媽為家長的單親家庭、爸爸為家長的單親家庭、女同志家庭、男同志家庭、新移民家庭、繼親家庭、兩地家庭、獨居家庭、同居家庭、隔代家庭、以祖父母為首的大家族（而且其下能拆分出許多小的單親家庭）等等。

所以第一個要問的就是，家長有沒有這個敏感度，辨識出自己身邊這麼多種家庭形式，再把這些存在介紹給孩子認識？如果這些家庭形式都是社會中的「正常存在」，那麼「沒有爸爸」就不會是負面評論（「大家都有只有我沒有」），而是狀態敘述（「我家的成員裡沒有爸爸這個角色」）。

在目前以異性戀核心家庭為唯一想像的制度設計中，單親家庭因此被標籤為特殊的、需要幫助的、可能容易出問題的，但這些很大部分是制度造成。加上許多單親家庭都是先由核心家庭轉變成單親家庭，在這樣的過程中，成員需要建立新的認同及生活方式。我們要做的不是告訴單親家庭的成員不需自卑，而是改變文化及制度上的偏見與歧視，讓社會結構友善，讓各種形式的家庭和其中的成員，都能獲得一樣的保障和對待。

STATION 4-5

那些年，我遇見的外勞媽媽——跨海母職的生命風景

桃園市群眾服務協會移工安置中心輔導員 **蕭函青**

說起外籍勞工，我們會想起什麼？是在公園推著輪椅上的老人戴著頭巾的女子？還是假日火車站門口成群結隊散發濃烈香水味、興奮等待與朋友相見的年輕女孩？

這幾年因緣際會，我進入了「外籍移工庇護中心」工作，因此認識了一群處境特殊的女性移工。她們有的是遭到仲介拘禁的幫傭，有的是在工廠發生職災的廠工，也有遭遇性騷擾

的看護。她們經過政府的安排，住到庇護中心提供的隱密處所，並由我們協助轉換雇主。

協助的過程中，她們讓我看見非常不同的風景，也讓我開始思考，這些來自東南亞的女人或女孩，有老有少，膚色黝黑，除了以「工人」的面貌存活在這島嶼，我們又是如何理解她們同時身為「女人」甚至「媽媽」的身分？

每晚視訊的媽媽：潔西

潔西是身材圓潤的菲律賓女人，笑口常開，也是我們遇過少見聰明又有正義感的移工。她來台灣之後，偶然發現自己每個月被仲介超額收取費用，累積起來有數萬元台幣，於是自己上網查詢法律資料，循線找到我們機構，成功討回自己的血汗錢。不僅如此，她還協助了一群相同處境的菲律賓移工一起申訴。跟她變成朋友後，潔西給我們看她小孩的照片，我們驚訝地發現，才卅五歲的她竟然已經有三個小孩，大兒子甚至已經十八歲。

原來潔西在大學時意外懷孕，而在天主教國家，墮胎是違法的，因此她別無選擇，只能聽從祖父的話，結婚生下來。另外，在菲律賓，小孩必須取得父親的姓氏，才能享有法律權利，否則處境會很悲慘。但潔西嘆口氣告訴我們：「若祖父還在世，一定很後悔當初逼我結婚。」原來潔西的丈夫常出軌，在她來台工作一年多以後更是變本加厲，兒子甚至在爸爸的手機裡發現爸爸親吻其他女生的照片。

潔西對婚姻很失望，孩子是她唯一寄託。我們問她作為海外移工，該如何維持和孩子的感情？她說每天晚上七八點，兒子會打網路電話或留言給她，跟她聊天、商量事情。潔西認為孩子有權利知道她的工作狀況，因此讓孩子知道在台灣當看護很辛苦，幾乎廿四小時工作，星期日也無法放假。在這情況下，孩子都非常體諒她。

潔西認為，遠距離教養的重點是教導孩子正確的品格觀念，即使家中沒有大人，孩子還是該學會尊重身邊每一個人。她來台灣之後最擔心的是無法親自監督課業。幸好大兒子非常獨立，照顧兩個弟弟，又考上很好的學校。某天大兒子竟然在電話中跟她出櫃。但他也叫潔西不要擔心，說他不會穿女裝。話雖如此，潔西還是擔心未來兒子在保守的菲律賓社會要如何生存。

潔西的故事聽起來很熟悉，畢竟許多的台灣好媳婦都是在男性缺席的情況下獨挑大樑。但差別在於，這些移工是隻身在外，在與家鄉斷裂的脈絡中，承擔整個家庭的經濟重任、掛心子女。此時如果像潔西一樣，家中缺乏其他支持系統（配偶、親戚），那麼壓力和煩惱也會更多。潔西的兒子想在暑假來台探望母親，順便旅遊，問題是，潔西還不知道雇主是否願意讓她放假。但比起接下來要談的芮秋，潔西已經算是幸運。

跟孩子不熟的媽媽：芮秋

那年春天，四十六歲的芮秋罹患腦瘤的消息，對她和對我們來說都是晴天霹靂。醫藥費很貴，但芮秋以為只要開完刀就可以立刻回去工作，賺錢償還醫藥費。結果醫生評估即使手術順利，仍需臥床休養三個月以上，意思是她不但無法立即回去工作，還需要找人照顧。

後來機構中有人想起，芮秋曾經提到自己有個女兒在菲律賓。女兒一直想來探視，只是苦無旅費。於是我們募款幫她女兒買了機票，但左等右等，手術日期將近，她女兒遲遲沒出現。每次我們詢問芮秋，她總是眼神閃爍，然後說她聯繫不上女兒。最後我們想透過同鄉來聯絡，芮秋終於忍不住情緒，難過地請求我們：「我女兒還在考慮要不要來，請你們不要提到我的病要照顧很久，不然她就更不想來了。」

原來芮秋十八年前就離開菲律賓，把襁褓中的女兒交給年邁的父母，隻身到沙烏地阿拉伯打工。後來她在沙烏地阿拉伯的契約期滿，也只能匆匆回家幾趟，就又飛到台灣打工。她多年在異鄉打拚，留下一身病痛的身體和這顆巨大腦瘤，每個月薪水都寄回老家，女兒也平安長大。但殘酷的事實是，她跟女兒一直不熟，平日只靠網路偶爾聯繫，女兒如今也結婚搬了出去。最後，經過芮秋菲律賓同鄉的努力溝通，她女兒還是來了台灣，然而僅待了短短一週就匆匆離去。

芮秋的故事不是個案，因為台灣法律並未保障看護的休假權。根據二〇一五年勞動部調查，仍有高達卅六%的雇主未給予家庭看護任何休假，她們全年無休地在家庭中勞動，往往累積數年才發現嚴重的病症。但芮秋的案例中，最讓人心痛的，還不是生理上的病痛或精神上的折磨，而是跟最愛的女兒的疏離。這些年她賣命養家，卻被迫成為跟自己女兒不熟的媽媽。

任性的媽媽：蒂莉安

來自印尼的蒂莉安很年輕，才廿六歲，但因為前雇主涉及犯罪，蒂莉安作為警方的證人，暫時被安置在庇護中心。特別的是，她還挺著三個月的肚子。原來蒂莉安的男朋友因為跟老闆吵架而遭遣返，此時她卻發現自己懷孕了。由於男友答應一回印尼就娶她，因此她想生下孩子。很多女性外籍勞工在台灣意外懷孕時，因為缺乏條件支持，大多會無奈地選擇人工流產，因此我們經常陪伴心碎的女孩去婦產科診所。像蒂莉安這樣憑著一股傻勁就選擇生下孩子的例子，極其罕見。

但更重要的是接下來的養育問題。捐贈物資有用完的一天，小孩卻不能一天不喝奶。於是蒂莉安在生完兩週後就出門找工作了，同時間她也停止餵母奶，即使她也知道母奶的好處，但對她來說，工廠哪有條件讓外勞停下來休息擠奶？有些印尼同鄉指責蒂莉安不夠愛小孩，但她不為所動，每天匆匆地泡奶餵完小孩，就又出去找工作。後來我們幫她找到麵包工廠，她第一天上工就早退，擔心地到處問：「我的小孩呢？」沒隔幾天，她就沒去上班，麵包工廠的老闆打電話來告狀，我們一推開她的門，便看見她斜躺著餵奶，一臉倦容說：「小孩昨天晚上沒睡覺……」

某天晚上，她房間傳出哭聲和講電話的聲音，原來蒂莉安的男朋友回印尼後，原本說好要一起負擔小孩的費用，卻遲遲沒有寄錢給她。不巧的是，蒂莉安的家人此時來信，說她的媽媽在浴室跌倒了。蒂莉安比以前更加心神不定，眼神空洞地跟我們說：「我媽媽很老了……沒有別人可以照顧她……」她想立刻飛回印尼，偏偏擺子返回印尼的行政流程繁瑣冗長。去台北辦手續的過程艱辛，舟車勞頓，還得一路安撫哭鬧的嬰兒。她每晚回到安置中心，哄完小孩後，就自己躲起來大哭。原本可以一天辦好的程序，只因為她是外勞就必須拖延數週，後來我們動用了一切關係，出動好幾個台灣人一起陪同，蒂莉安和孩子才終於順利回到印尼。

蒂莉安的個性鮮明，不是每個人都喜歡，但她讓我看到的卻是另一種屬於母親的形象。對老闆來說，動輒遲到早退的蒂莉安不是好勞工；對於傳統的長輩來說，她動輒哭泣的個性也不是好媽媽。但我依舊看見她為了小孩，即使數度崩潰，即使生存條件很差，仍在困頓中盡力找工作、養小孩。她不是傳統定義中的良母，但我仍在她身上看見母親的力量。

母職的物質條件

在庇護中心的工作，讓我跨越了原本勞工法律的圍牆，走進一個個血淚交織的勞資關係現場。但我也在這些女性外勞個案身上認識了好多種做媽媽的方式，若依據主流社會價值，她們幾乎都無法符合「好媽媽」的標準。然而，她們都在十分受限的條件下，以自己的方式，咬著牙拚搏一條生存之路。

這些外勞媽媽的處境，讓我深刻感到母職這件事情，從來不只是母親的意願問題。做媽媽，往往與她們的勞動、移動以及各種生存處境緊緊相扣。近年來親職教育越來越強調「在場」的陪伴和參與，坊間有大量論述探討父母的缺席會造成兒童心理發展的各種問題，也因此更多家長寧願放棄工作也要親自參與小孩的成長。然而這種參與究竟建立在何種條件之上？若在父母皆須工作的受薪階級家庭，甚至像芮秋這種跨海移動的勞動者，又是在何種生存處境中被迫將養育之責「外包」？在全球化的浪潮中，當家庭的整體被拆散成個體，單獨丟進勞動市場中成為小螺絲釘，「疏離」正是這些勞動家庭吸收的隱形代價。

也許透過這些跨海母職的故事，開啟了我對家庭更寬廣的視野，對於各種所謂「失功能」和「高風險」的家長類型，也能避免窄化地看待她們，而更能看見勞動和移動烙印在她們身上的痕跡。

STATION
4-6

恭喜之後，消失的女人和她們沒說的事——女性的產後憂鬱

全職媽媽兼自由撰稿人　**邱宜君**

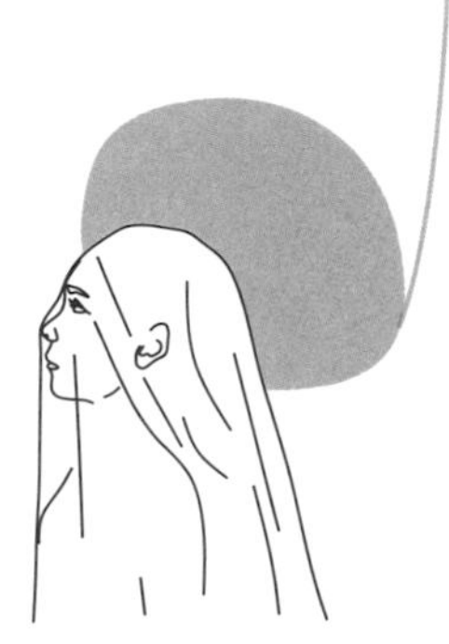

多了母親身分的這兩年來，我深刻體會到，女人身體的特性和變化、最新哺育觀念的盛行，以及社會大眾看待親職中男女的雙重標準，導致許多女人從成為母親的那天起，就好像身陷一場生存遊戲，得穿越迷宮找回失去的自己，才能離開監牢。

人們都說女人身體非常奇妙，能承受懷孕生產的變形和劇痛，換來新生命的喜悅。但故事還沒完，並非以這樣片面的喜悅作結。孕產絕對會在女性身體留下傷害，只是程度因人而異。而即便我的生產經驗很溫柔美好，生完大女兒那幾天，其實我很沮喪，每天都在擔心：我會一輩子漏尿嗎？被擠出來的內痔能縮回去嗎？甚至有一種「被自己詐騙」的奇異悔恨，

這麼嚴重的後果，我懷孕前都怎麼沒想過？

親友不絕於耳的「恭喜恭喜」，還有對新手媽媽脫口而出諸多自以為貼心的白目言論，我光是陪笑、忍住白眼就夠累了，絕對不可能主動提到漏尿或痔瘡。奇怪的是，就算漏尿和痔瘡是極常見的生產後遺症，那些對新手媽媽展現高度關切的「資深媽媽」，也只愛聊寶寶的吃喝拉撒。我只好用各種迂迴方式探聽，才知道一位朋友生完第二胎後兩年，大笑時仍會漏尿，另一位朋友生下兒子後必須動痔瘡手術。為此我煩惱到難以入睡，卻連老公都不好意思說，只好拚命在網路上搜尋資料，有空就暗自做凱格爾運動，只差沒去醫院掛號做復健。謝天謝地，這兩個問題都在半年內自動痊癒了。

哺乳的母職壓力

生完小孩之後，最重要的事就是哺乳。對於必須回到職場的女人來說，要實踐親密哺育觀念裡的母嬰一體、按需求哺餵，其實非常困難。我算看得很開，一切順其自然，回到職場後，奶量因為不方便集乳而驟降，我就出動配方奶，回家才親餵。不論是餵奶哄睡（奶睡）、半夜餵奶輔助孩子延續睡眠（夜奶），我都欣然接受，不刻意訓練孩子睡過夜。我努力順應孩子天性喜愛的喝奶和睡眠模式，卻沒辦法說對這一切甘之如飴。哺乳對我來說，確實造成了不小的壓力，因為，奶只長在我身上啊！

辭職帶小孩後，我總期待老公早點下班，我就能在不支睡倒前擁有一些自由時間。有天晚上，期待已久的影集才開播五分鐘，房間裡就傳來孩子轉醒的哭聲。我用求救的眼神看著老公，他卻悠悠說了一句：「她就是要妳安撫啊！」我幾乎要落淚地應他：「可是晚上是我的！」想想真是自欺欺人，孩子出生之後，有哪一個晚上是自己的？最後我還是默默回房間，躺下餵奶。

奶睡或夜奶的時候，除了滑手機、發呆、睡覺，什麼事情都不能做。這種身體和時間的不自由讓我常常覺得自己像是被監禁，我都笑稱為母牢或奶牢。女人因為哺乳而停擺的時間到底有多少？如果把這些時間還給她們，可以做多少想做的事！但如果拖久不餵，乳房就會像定時炸彈一樣又脹又疼，發出乳腺炎的最後通牒。親密育兒是我自己的選擇，因此我只能和朋友一起恨恨地說：「可惜爸爸沒有奶！」

我個人不是那麼享受哺乳。乳房對我來說是很私密的部位，即便是自己的孩子，我也不喜歡頻繁地被觸碰。更重要的是，哺乳之於我是身體的失去，是自由的剝奪。女人為了讓小孩喝奶而放棄乳房的自由，並不是那麼理所當然。許多母親便打了退奶針，或是選擇不一樣的育兒理念。但我之所以願意忍受疼痛並讓渡自由，是因為我相信滿足孩子對於母乳和親密的渴望是很重要的，當我發現自己能做到，我就不願意放棄。我面對的是育兒信念對於我身體和心理狀態的挑戰，是低迷的情緒趁著我疲憊不堪突然襲來，然後我得在崩潰邊緣奮力擊退自我懷疑，緩慢地推展自己愛孩子的極限。

母親面對的社會壓力

有了孩子之後，我更常覺得自己不再是個「人」，而只是個「媽媽」。我似乎失去了名字，尤其是在因為孩子而建立的新人際網絡中，我的名字成了「某某媽媽」，我的某部分存在似乎得依賴孩子才成立。而資深母親和熱心親友給予的鼓勵，有時還會強化這種存在的失落感。當大眾說出「為母則強」、「天下的媽媽都是一樣的」，意味著辛苦大家聽多了，妳和其他母親並沒有什麼不同，也意味著成為母親就是失去身為一個人的獨特性，只能變身為樣板超人。「媽媽」就是天生樂於為子女而活的，「某某媽媽」這個新名字，正是她一生最偉大成就的勳章，但只要孩子出現任何不當行為，她就會被人不留情地啐道：「妳怎麼當媽的！」

這幾年來我帶著孩子出門，就經常猝不及防地承受路人無情的痛擊。有一次搭公車，大女兒想用腳去踢下車鈴。雖然她的腿長和力氣其實無法按下按鈕，我還是小聲提醒她不該這麼做。在我與孩子對話的同時，對面座位的女人已經怒瞪著我，不但拿起手機要拍攝，甚至罵道：「小孩亂踢都不管，妳怎麼當媽媽的？」

隨著網路資訊流通，正義魔人在公共場合的不滿可以快速擴散，社會大眾也常把對孩子的疑慮迅速歸因到母親身上。似乎母親理當把孩子調教得妥妥貼貼，不能造成周遭成人的困擾，才准帶上街。然而，要求小孩一切行為符合成人標準並不合理，因為孩子受限於生理和心理上的成熟度，很多時候無法遵循社會規則。再者，照顧小小孩是非常耗神耗力的工作，在外人以為母親疏於照顧、管教孩子時，母親可能正在努力從疲累中喘過氣來，或忙著想還沒做的那一百件事。除非我們在公共空間樹立起「成人區」、「幼兒區」等涇渭分明的高牆，否則這些空間就應該是所有年齡層共處的場域，裡面有各種人我關係，既有自律，也有體恤。

社會對父職與母職期待的差異

這些年來，網路或新聞不時會出現對「超級奶爸」的熱烈傳頌：帶著兒子開計程車的單親爸、揹著孩子修紗窗的肌肉男、揹著嬰兒炸雞排的好爸爸，不一而足。這些父親當然很辛苦、很偉大，但相較之下，許多同樣處境的母親，在承受這一切時卻被視為理所當然。我自己生小女兒坐月子期間，都是由先生帶大女兒去社區中庭找鄰居小孩玩。當先生回去上班，換我帶兩個小孩去玩，每個鄰居見到我們的第一句話竟然都是：「爸爸咧？爸爸很好喔！」或許剛生產完荷爾蒙分泌還沒有回復正常，導致我內心有點受傷，然而，這樣的回應似乎意味著，那些照顧幼兒的媽媽或阿嬤，只是透明而且理所當然的存在罷了。

根據統計，台灣女性生完小孩之後三到四天內，約有三到八成陷入「產後情緒低落」的情緒，包括焦慮、暴躁、疲憊、易哭、失眠、頭痛、做噩夢。大約一成女性在產後兩個月內出現「產後憂鬱症」，除了上述低落情緒，還可能有飲食障礙、對周遭事物興趣缺缺、覺得無法應付生活也無法照顧好寶寶，甚至衍生自殺意念，這會持續數週甚至數個月之久。

衛教資料上面都寫，產後情緒障礙的「原因目前仍不明，可能跟生理、心理及社會因子有關」，如果達到憂鬱症程度需要就醫，若是短期情緒低落則只需家人支持就能自行痊癒。然而真的是這樣嗎？有更多的情緒狀態沒有被歸類的女人，是處於長期的低落，在憂鬱症的邊緣載浮載沉。我和許多朋友就是陷在這樣的處境中：我們沒有被診斷為產後憂鬱症，卻都因為長期睡眠不足和家庭勞務分配不均而耗損健康，大小病痛纏身。加上公共參與、社交、追求收入都面臨限制，育兒過程發現自己和伴侶之間有更多歧異，也接收到更多來自長輩的批評指教，讓我們長期感到鬱悶。沒有去尋求醫療診斷或協助，是因為沒有時間，也沒有餘裕做昂貴的心理諮商。最實際的做法是忽略這些感覺，把眼前的生活過下去。這些都是診斷統計永遠無法描述的事。

當女人自己、她的家人或是社會上的其他人，把各種理所當然的想法強加在她身上，不但是以家務勞工的雇主觀點去看待母職，更因著母職的道德光環，加倍嚴苛要求，這是對母親對女性的雙重傷害，讓女性跟著陷入「我不夠好」的自責當中。如果該女性徹底遭受父權社會的奴化，還會轉而對其他女性祭出無情的批判。反觀父職的實踐，因為社會對男性這方面的期待相對低很多，反而能夠輕易的達到高標，只要願意參與家務就是新好男人了。

這些外在、內在的無形標準，正是令女人失去自由的關鍵。《幹嘛要有小孩？》這本我非常喜愛的書，當中有一句話說：「只有我們回歸育兒的本質——是一種情感關係而不是工作——我們才能夠讓自己不去期待，才能夠脫離那令人窒息、有如雇員般要求的母職標準。」我的女兒長大後，或許也有機會成為母親。希望到那時候，她們能被視為獨特的個人，從家庭、職場、社會環境而來的，不再是以熱心偽裝的壓制，權益也不再被扭曲為施恩，而是能了解她們的需求，並且有空間容納她們的選擇。

STATION 4-7

帶著孩子上街頭[1]——社會運動與母職實踐

高雄師範大學性別教育研究所助理教授 **楊佳羚**

二〇一三年的高雄廢核遊行中，一群孩子手持「非核家園．世代正義」的標語，走在七萬人隊伍的前面。二〇一四年的反服貿運動與反核運動中，即便出現警方流血鎮壓，許多孩子依然在父母陪同下走上街頭。也許你會問，上街頭遊行為什麼要帶著孩子？遊行抗議難道不是最多衝突、最可能流血的地方？這難道是合適的教養場所？

父母會帶著孩子去遊樂園、野餐、騎車、露營、室內遊樂場，會去逛百貨公司、逛夜市、逛博物館……但這些活動不需要面對質疑、不需要說明、不需要獲得認可，因為這些活動是「中性的」，是「無害」的。但是上街頭是「政治活動」，而政治是汙穢的、是有可能受到利用的，是在灌輸意識形態。

然而，藉著這篇文章，我們想要說明，父母日常的言行、帶著孩子的活動，都是父母的選擇，都蘊含了父母自身的意識型態。沒有完全中性的活動，所有事件都會引導孩子走往某個方向，只是有的是有意的、有的是無意的。父母帶孩子上館子、參加聖誕園遊會、在賣場買玩具時，如何選擇商品、如何對待食物、如何對待服務人員、如何使用金錢，都在傳遞他對待這世界的價值觀。甚至，父母如何選擇週末活動，這個選擇（或是不選擇）本身就傳遞了價值。

上街頭，是父母帶著孩子實踐他們的信念。

不同視野，不同世界

我從小就是「好學生」，可以在白紙上畫出早已成為歷史的中國三十六省地圖，也知道

註1　本文改寫自原刊登於《綠主張》月刊二〇一四年四月一二七期之同名文章。感謝受訪的社運女性們，在本文中她們皆以化名出現。

如何沿著鐵路把白雲鄂博鐵礦運到大連海港，卻不知道雲林和嘉義哪個位置較北。因此，高中時代雖然正值台灣社會運動風起雲湧，社會上發生了什麼事我卻全然無知，只覺得台北車站一天到晚有人示威抗議，博愛特區總在封鎖，我得繞很長一段路才能搭上公車回家。

當年我從沒想過自己會成為上街遊行、示威抗議的人，這個轉變發生在我開始察覺「有些事情不對勁」：課堂上，男老師總是只對著男學生說話、期許他們考高考、成為教育部長，卻把眾多女學生當空氣，這是為什麼？在這期間，我旁聽了女性主義的課程，試圖和幾個同樣自覺格格不入的朋友相濡以沫，找尋困頓的出口。我們認為這些問題不只是個人層次的問題，而是需要用共同行動來改變整個社會結構，於是我們決定在教育界工作，繼續改造。

然而，正因為不是天生反骨，我更能明白，為什麼許多人會害怕走上街頭；也因為自己經歷了這段轉變，證明了一個人從「不知道那群人在抗議什麼」到「帶著孩子上街頭」的劇烈轉變是可能發生的。

絕對關乎孩子的事

也許你會擔心：「上街頭的會不會是暴民？」「不要帶孩子去街上吵吵鬧鬧啦！還妨礙交通！」「政治是大人的事，幹嘛讓孩子那麼早就受到汙染？」

事實上，「暴民」形象大多來自傳統媒體的汙名，相較於世界各民主國家的抗議活動，台灣走上街頭的民眾簡直溫馴如羊。在台灣，民眾不了解為何關廠工人要採取臥軌抗爭的手段，新聞中也常可看到民眾質疑社運抗爭造成個人生活不便的報導。反觀國外，美國反川普民眾以占領機場高速公路的方式表達抗議，導致機場高速公路被迫關閉；歐洲航空公司或巴黎地鐵工作人員常以罷工抗議工作條件不公，即便造成交通不便、飛機誤點、只能走路或騎單車上下班，人民也都願意忍受因抗爭而帶來的不便，因為他們知道「抗議是人民的基本權利」。如果遊行造成你生活上的不便，不妨想想，是否正是因為這樣的「不便」，才引起大眾（包括你）的關注？當政府刻意漠視，沒有發聲管道的弱勢者，還能用什麼有效方式表達訴求？若隨著媒體把無力發聲的人民形塑為自私、不理性的求利者，是否讓當權者得以逃避責任？最後，如果政治只是大人的事，為什麼孩子將來要承擔大人的錯誤決定？如果這些政策關乎孩子的未來，大人為什麼不應該帶著孩子一起關注他們的未來？

這幾年在高雄的反核會場，幾個孩子拿著廢核基金的捐款箱到處募款時，也有民眾質疑：「你們這些大人是否利用了孩子？」這絕對是重要的問題。未成年孩子十分依賴權威，而父母、老師正是他們權威的主要來源。在教養過程中，大人絕對會在有形無形間把他們認同的價值觀傳遞給孩子，而重點在於，影響的過程如何發生，父母是否把孩子視為獨立的主體，說明事情是怎麼發生、又為什麼要這麼做，也把同意和拒絕的權利交給他們。

綠文是長年帶著孩子參加社運的媽媽，她說：

我們對學校教育、或者對主流的很多思想有很多批判，也希望把我們的信念跟價值觀傳遞給我們的小孩子。她可能選擇了一個接近我們在做的事情，但是她們平常也很會對抗我們、挑戰我們，不是嗎？到底我的小孩去募款比較糟，還是像我小時候去歌頌這偉大的國家比較糟？[……]更何況，對方根本不了解這個家庭的父母平常是怎麼在跟他的小孩對話。我的孩子是發自內心想去做這件事情。

帶著孩子上街頭的家長，不是只有在街頭才行動，而是在生活中「無處不行動」。例如，在反服貿期間，至真每天晚餐後會帶著孩子到高雄中央公園「散步」，參加公民講堂。她在平日就以親子的權力關係來讓孩子理解政府與人民不對等的權力位置：

我跟兒子說：「當你跟我要求，我不同意，而且連續一兩個月我都不同意的時候，你會不會有情緒？」他說會。於是我跟他說：「然後你可以提出你的要求跟條件來跟我妥協，對不對？」講到最後就講到太陽花學運，我說：「太陽花學運是一樣的，政府不了解人民，所以人民必須要用特殊的手段。」他聽一聽就比較懂。

卉華則試圖讓國中孩子理解社運行動的意義：

我們現在做的這些事情是想讓妳未來的世界變得更好。我們現在過得很好，我們家關起門來就很安全、餐桌上都是安全的，或者是妳覺得妳的世界都是美好的。可是如果我們現在一直安逸在自己的世界裡，世界就一直在外面慢慢的崩解，我們如果不去努力，它就崩解掉了，等到妳面對它崩解的那一天，妳已經無能為力再去改變什麼。所以趁我們現在有能力、有時間，我們就多做一些事情。

甚至連對小小孩，這些媽媽也用孩子聽得懂的方式談論社運議題。例如怡安在床邊故事時間，對兩個上幼兒園的兒子講到林義雄爺爺絕食的故事。育芹則在孩子步行環島，看到「田裡面出現挖土機的痕跡」時，跟孩子討論：「挖土機沒有辦法收割啊，它怎麼會在田裡？因為它去鏟掉那些稻米……但這邊的伯伯不願意。」用這種方式談大埔事件土地徵收的議題。

上街頭的孩子，也並非只是被動聆聽或是被帶去參加社運。例如，當孩子回家說「核電不好，核電有毒」時，媽媽會一再反問哪裡不好，因為她希望孩子是真的了解，而非人云亦云。當年才六歲的女兒會問我，到底廢核花了多少錢、錢用在哪裡。當她在幼兒園看了《戲說核四》這部影片，回來後也跟我說，她覺得那部影片仍然有問題：「因為影片只提到核四是危險的，但應該是核電都危險。」而即使她已經知道核電危險，她也會繼續探問：「核四還有三個哥哥，那如果把核一、核二、核三都關掉，台灣會缺電嗎？」從孩子的提問與反應，我們看到孩子的思考能力。只要大人認真和孩子討論，就會從孩子身上看到這些能力，並且從孩子身上學習到許多。

建立另類社運育兒社群

要帶著孩子上街頭，最大的挑戰是如何平衡社運參與及育兒，因為年幼的孩子可能不耐走，稍微大的孩子又可能覺得無聊。有幾位常參加各式遊行的媽媽就常「揪團」去遊行，除了讓孩子有玩伴，也形成媽媽參與社運的重要支持網絡，成為另類的育兒支持系統。

對於沒有參加過社運行動的媽媽而言，「揪團」則會是社運入門的機會。家虹說：

沒有參加過這種社運，自己去一定會害怕，覺得算了。如果有人揪團的話就會覺得「好吧，去看看」。所以我覺得那是一個不錯的機會，可以讓大家更接近這個議題，而且真的參與之後就會發現，其實遊行也沒那麼可怕。

對孩子而言，當這些孩子跟著參與社運後，他們的所見所思可能和主流教育大不相同，而成為「不一樣」的孩子。如果小孩在社運育兒社群中看到與自己相似的孩子、以及與自己父母相似的大人，就會不覺孤單。

我看過一支短片，呈現美國小孩對同性婚姻的反應。令我驚訝的是，那些年紀約莫為幼兒園到中學學齡的孩子，每個人講起同志、同性婚姻都頭頭是道。台灣的教育方式以考試為導向，向來強調背誦記憶的能力，而非思辨的能力。帶孩子上街頭，最主要是希望孩子以街頭作為另一個學習的場域，開始參與社會議題，思考改變的可能與行動。

也許你早就已經帶著孩子一起上街頭遊行過，如果沒有，下次不妨加入社運育兒社群的行列吧！

STATION
5

做爸媽的第五站：沒有好的國哪有好的家

有句非洲諺語說：「養小孩需要全村的力量。」打破我們對生養孩子是家務事的認知。一個孩子成長，需要的不只是父母，

還有社會國家的支持。近年來，台灣的生育率屢創新低，二〇一四年更成為全球最後一名。台灣政府將發放津貼與生育補助，視為提高生育率的良藥，但數字告訴我們，在經濟考量之外，「不敢生」與「養不起」還有許多複雜的原因。勞動條件的惡劣，長工時與低薪資，都加重養家與育兒的兩難。缺乏平價、優質與普及的托育服務，孩子的照顧安排不僅成為父母沉重的經濟負擔，也造成媽媽被迫離開勞動市場。

這一站，長期從事托育政策研究的社會福利學者王舒芸，要告訴我們低生育率背後的故事，以及政府的角色在哪裡。國家對孩子的成長有不可推卸的義務和責任，但國家教育的目的又是什麼？是複製支配階級的意識形態？還是促進社會階級的流動？郭駿武與翁麗淑老師長期投入教育改革運動，兩人指出父母要教養的不是具備競爭力的孩子，而是具有社會意識的公民。教育除了上街頭的改革運動，更是場寧靜緩慢的革命，關於孩子的想像，映照我們對理想社會的願景。而國家應該提供對應的支持與資源，讓每個人可以有更多選擇的自由。

STATION 5-1

家有剛出生的小孩，誰照顧？——從養育與工作的蹺蹺板談更好的托育政策

中正大學社會福利學系副教授 **王舒芸**
托盟發言人 **王兆慶**
婦女新知基金會祕書長 **覃玉蓉**

家中寶寶剛出生，誰來照顧？有些家長偏好「自己」帶，而這「自己」有九成以上是媽媽。那工作呢，要離職，還是換離家近、不常加班的工作？爸爸一份薪水養得起一家嗎？請上一代幫忙，會不會吵架，每天往返接送會不會太累？請別人照顧，信得過、付得起嗎？到底怎樣是「值得」的安排，怎樣對孩子最好？這應該是懷胎十月中，所有家長左思右想、百轉千迴的大哉問！

上個世代的父母在經濟困頓的時代打拚，多數以「男主外、女主內」的分工模式因應。但現在這個低薪時代，要男性一肩扛起養家責任有點強人所難，也限制了男性參與照顧的機會，而女性單獨操持家務和育兒不但過於沉重，也限制其經濟自主的可能。於是，隨著高教擴張與性別意識崛起，「雙薪家庭」逐漸成為主流。不過，就算女性踏入職場提升經濟自主，但「照顧與就業」對多數父母來說，是否仍是個難以兼得的蹺蹺板？

那麼其他國家的女性呢？下頁圖表清楚顯示，在這個兩難上，北歐國家的生育率及就業率都相對較高，已創造出雙贏的局面，但多數的東亞和南歐國家，卻仍陷在雙輸的窘境！

我們[1]做了一份調查，想知道台灣現在育有兩歲以下幼兒的家長，最喜歡的托育安排為何？結果發現，雖然有四成家長認為「在家專職育兒」最理想，但有六成的家長希望可以找到妥適的方法繼續工作，其中尤以可兼顧兩者占三成為最多，再來是親屬照顧約兩成、家戶外托育約一成。

但是，真能心想事成的家長有多少？結果發現，事與願違者不少：家長屬意祖母照顧的僅約兩成，但實際上是祖母在照顧的卻逼近四成；希望兼顧工作的家長雖有三成，真能如願

註1　《一〇五年度建構托育管理制度實施計畫之成效評估方案》，衛生福利部社會及家庭署委託研究。

二〇一四年各國婦女勞參率與生育率

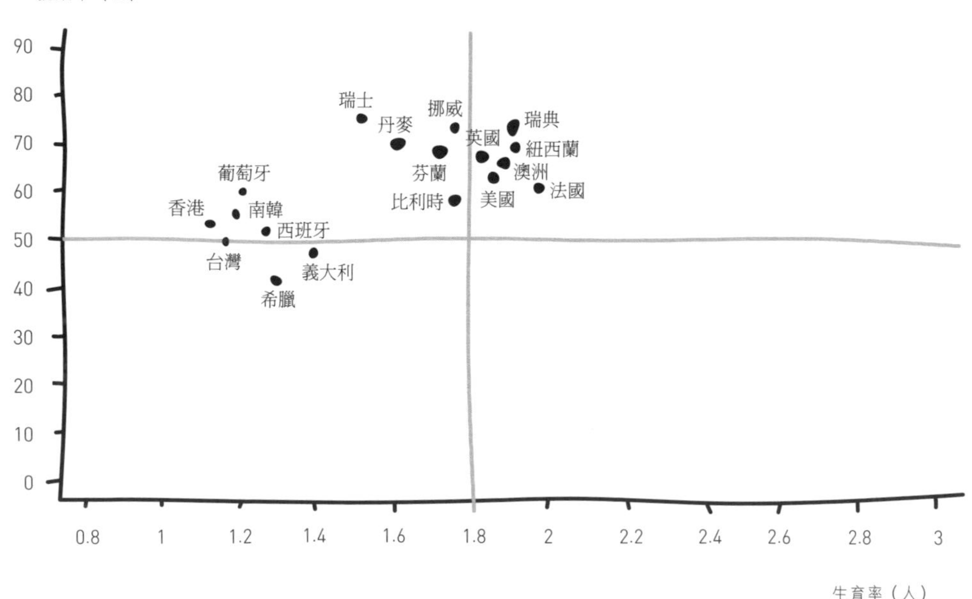

以償的卻只有一成！更有意思的是，我們明顯看到「性別及階級」的影響：對那些無法擺脫沉重母職與低薪、長工時的勞工家庭來說，照顧成了逃不掉的義務；而經濟稍寬裕的家庭，才有資源去選擇育兒方式。

養兒育女的第一個囚犯困境：性別化的照顧選擇、處處可見的義務性母職

是否注意到，這些所謂的「選擇」，影響的不僅是「家長」（當然多數是媽媽），也牽涉許多長輩（當然很多是祖母）的生活安排，以及保母和幼稚園老師的勞動樣貌。而這些「照顧者」，不論有酬無酬、親屬或專業，九成五以上都是女性！

以台灣五都育有嬰兒家長為例，當問到「你是否贊成女性從事全職工作？」答案隨身分而不同。五十％的受訪者贊成結婚但還沒生小孩的女性，可以全職工作，但只要有了學齡前小孩，贊成比率驟降到十四％。反之，認為媽媽不要工作或兼職就好的比率，從不到一％上升到十二％之多。

這個支持女性工作的態度轉變，也如實反映在就業行為上：二〇一一年，台灣當代有偶的女性在成為媽媽前的勞動參與率高達七十五％，當媽媽後（子女均在三歲以下時）降為六十一％。可見從「妻子」到「母親」，至少把一成五的女性「擠」出職場。

那些留在職場的，往往也躲不過蠟燭兩頭燒的窘境，忙完了白天長工時低薪工作後，還得衝回家「上第二班」，從事「照顧」這項「無酬工作」！當然，在性別文化尚未完全解構的當代，多數疲於奔命的是女性！有人輪替的雙親尚且如此，無人可換手的單親處境又有誰看見？

由此可見，所謂的托育「選擇」，仍與「家戶內」及「職場上」的性別分工息息相關。當托嬰仍有八成是家人擔綱，照顧責任只是從全職媽媽移轉到阿嬤；當女性平均薪資仍僅為男性的八成，當許多雇主認為在職場就該心無旁騖，整個社會卻對「多數勞工同時是照顧者」的事實視而不見，那麼，當照顧與就業難兩全時，退出職場的、換工作的、請育嬰假的、在職場受歧視的，永遠都是女性居多。至於男人，在生育前後不論就業率、薪資、工時，變動都不大。

優質、平價與勞權，養兒育女的第二個囚犯困境

在家戶內的托育選擇，會面臨照顧與工作的兩難，也可能有照顧責任性別化的疑慮。那把孩子送給專人照顧，又會遇到怎樣的困境？

我們問家長，什麼因素影響你的送托意願？前三名的答案是：品質要好、要付得起、薪

水要夠！但這又是另一個囚犯困境：品質好的服務是否一定昂貴？貴了，家長付不起，但平價是不是又壓低保母的勞動條件？

先來看看究竟是哪些家長在使用托育服務。以收入中上的家庭來說，也就是收入約為六萬八千元的家庭，相較於全台保母收費的中位數一萬五千元，托育費就占這些家庭所得的二十二%。也就是說，那些月所得低於六萬八千元的育兒家庭，連第一胎都無法送托，哪來生養第二胎的能力？甚至第一胎都無法送托。這種情況下，誰會被迫留在家裡無酬承擔那份多數人付不起的勞動？

如果放任市場機制決定服務價格，所得／階級這把刀，把有類似照顧需求的家長，硬生生地切成零碎的光譜：這一端，有經濟與時間資本的，可自由選擇要到市場購買高價服務，或留在家裡實踐密集母職；另一端，缺乏資本卻也想在家照顧的，或買不起服務卻需要外出工作養家的，他們養兒育女的權利，誰來保障、誰在乎？

下頁圖就活生生展現了，當這個社會仍只把托育當作私人的「妳／你家的事」，那麼，托育安排就不是個人選擇，而是活生生的性別與階級的交織產物。

怎麼解這個性別與階級交織的套？

實際照顧安排——依家庭收入分（二〇一三年）

父母親自照顧

其他親屬照顧

家戶外照顧

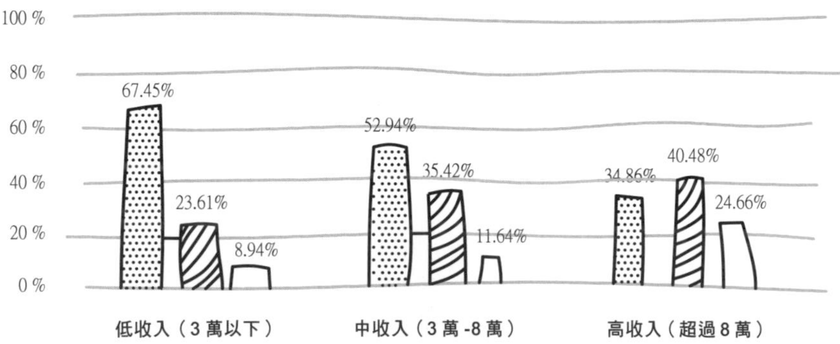

托育：從婆婆媽媽的家務事，到政府市場聯手的天下事

北歐國家的經驗告訴我們，光是「雙薪」不足以兼顧照顧與就業，「整個國家一起養小孩」才是王道。也就是說，只有性別平權不足以完全解套，照顧責任還要從家內協商，移轉到雇主與國家共同分攤。

與其說托育政策是為了提高生育率，不如說是為了落實養育責任的均等。福利國家存在的意義，就是要減緩不同家庭與階級衍生的不均等，讓兒童受照顧的權益不受出身影響，讓父母在就業與照顧間有選擇的「自由」，不用只憑運氣（長輩有無）、拚實力（薪水多寡）、等老闆慈悲、看同事臉色。

台灣呢？連續幾年榮登世界最低生育率的「殊榮榜單」，每年新生兒數量從動輒四十萬一路下滑腰斬到二十萬以下，政府開始意識到，如果孩子長大是「社會的集體資產」，但一路的養育成本卻要「個別家戶自行負擔」，那麼會投入這勞心、勞力又傷財的志業者，只會越來越少。

於是，一九九八年先是由非營利機構提供訓練，讓保母開始可以考照。二〇〇一年「社區保母系統」成了督導訪視、協助媒合、處理保親爭議的公正第三方。這些措施試圖讓服務品質更標準化，贏得家長的信任。二〇〇八年政府補助聘用證照保母的家長三千元以減輕照

顧成本，讓原本完全市場化的收費，透過國家的補貼減輕家長負擔。二〇一四年「保母登記制」再上層樓，保母必須要登記才能執業，否則會被取締罰款，把托育服務從檯面下的黑市工作變成正式勞動力的一環。這個制度也同時明定，政府應該介入管理保母托育收費，讓保母擁有合理的收入，足以養活自己，也無從哄抬價格。

「回歸自由市場」的論述效果

然而，補助政策一路叫好又叫座，隨之而來的定價企圖卻飽受挑戰。很多人以尊重市場機制為由，要求政府「把手拿開」。保母登記制上路前，曾引來部分保母的抗議，認為托育費應該因應家長的需求，採自主的彈性空間，由家長與托育人員協商收費。而公平交易委員會也曾表達異議：「公平交易法的基本精神是……藉由『市場機制』這隻『看不見的手』，決定資源的分配與利用。」

此外，更有人篤信，限制收費會削弱嬰幼兒托育的品質，害高品質的服務無以為繼。對很多家長來說，「收費更自由」，才能得到高品質的服務。

然而，台灣頻頻出包的食安問題就很清楚點出競爭從來就不是提升品質的保證書，價格高也不代表品質一定好。如果資訊不透明、規範不清楚、管理不落實，自由競爭的結果可能是壓低成本、提高價格以擴大利潤，未必是有品質的服務。研究顯示整體趨勢是，家長花的錢持續攀升，但托嬰中心托育人員的薪資卻按兵不動。過多的幼兒數、過長的工時、過低的薪資，導致第一線托育人員待不久，專業經驗無法累積、依附關係無法建立。一切都清楚揭示高價格未必等於高品質，政府能不能把關，落實輔導規範與管理，才是關鍵。況且，照顧真的可以像商品一樣，完全以市場法則運作嗎？若以經濟行為的角度來看，保母托育究竟是在怎樣的市場機制下發生的？

保母托育市場的屬性：難進、難出

第一、保母社群連帶強。不同縣市托育管理委員會的會議紀錄，不約而同提及「聯合行為」現象：「社區保母系統的在職或聯誼活動，提供了保母間討論收托費用的管道，可能產生聯合調漲價格的負面影響。」「有關保母協力圈自訂區域價格，請保母系統利用在職研習多加宣導，並杜絕保母聯合哄抬托育費用，避免造成市場壟斷而影響民眾權益。」

「資訊不對等」是另一關卡，家長往往散落四方又大多是新手，對如何衡量品質和價格幾乎是從零開始。委託研究的焦點團體中，參加者也坦承：「多數家長不清楚托育行情，不容易找到較透明的資訊……反而多數保母都有熟識的小團體或社交群組可以討論收退費。」

第二、保母難找也難換。焦點團體參加者還指出：「居家托育有明顯的地域限制，家長不可能遙遠奔波。故區域內的名額有限，家長常有保母難找之嘆，全國保母總人數再多，也難以消解各別社區的供需不平衡。」

「對的人」本就難找，何況就算支付能力許可，托育也不可能像網路購物一樣輕易退換。任何照顧者的變動，都影響小寶寶的依附關係，而退場成本太高，大多數家長反而會選擇接受現狀。有位焦點團體參加者分析收費對保親關係的意義時，明白指出：「……家長就會覺得很疲乏。因為小孩子始終要有人帶，不得已的情況下就會妥協。可是當他妥協簽了這個契約，要離開的時候，要花很多很多力氣來跟保母對抗，甚至覺得說，好，我倒楣，花錢消災。」

整體而言，保母托育作為市場，可謂「難進又難出」，並沒有想像中那麼自由。現行制度為什麼會發生托育補助失靈，以及補多少漲多少的現象，上述脈絡也提供了部分解釋。

第三、家長階級屬性高。委託研究報告發現，[2]送托保母的家庭，每月平均收入約八萬出頭，和全台灣家戶所得中位數六萬八千多元相比，有段差距。也就是目前選擇托育的家庭，

註2 《我國托育服務供給模式與收費機制之研究（二〇一四）》，衛生福利部社會及家庭署委託研究。

明顯為中上階級，而這也反映了缺乏定價機制的市場化托育服務，還是只有所得高於平均的家長才有辦法「自由選擇」。至於中低階級家庭，保母托育還是緣木求魚。如果把品質跟訂價劃上等號，是不是社經地位比較低的家長，就沒有資格找品質比較好的保母？這或許是政策該審慎思考的問題。

事實上，打從訓練、考照到媒合，托育不再是能關起門自家討論的雞毛蒜皮家務事，保、親、國家，已是同條船上的合夥人。有了補助與品質規範，托育也不再是兩造的自由市場，而是混和經濟下的規範市場。「補助」的初衷，除了降低家長托育負擔，使之能持續就業，更是規範品質的誘因。「定價」的目的，除了讓更多家長送得起，得以增加一個照顧選項，後續還可擴大的就業效應是，讓托育服務變成一張更大的餅，促成更多保母持續就業。

國家不能缺位，更不該繼續為難女人

家長的照顧偏好與條件是多元的，政府不該只確保形式平等，還要讓各種「托育選項」對多數公民來說都是「真實的」。因此，照顧時間（育嬰假）、適宜且定價優質的托育服務、分攤養兒育女成本的補助，缺一不可，否則看似琳瑯滿目的多元選擇，注定只是資源較多者的限定奢侈品，欠缺資源者，只有望梅止渴的份。

台灣托育政策欠缺的不是口惠不實的法律規範，更重要的是適用範圍、落實程度與治理差異。例如兩百五十人的企業「應」提供托育設施和措施、工作者「得」請育嬰假，都已在性別工作平等法明確規範。但育嬰假仍無法保障非典型就業或投保職業工會的家長，甚至許多人卡在懷孕歧視不敢申請，這些都是「適用範圍」不夠普及的典型。況且，企業應提供托育設施，卻連相關罰則都沒有。至於托育服務定價制，原可縮小托育費用占家戶所得的比例，但真正落實的縣市至今只有台中、台北、新北，其他縣市不是訂價寬鬆，就是打假球做做樣子，甚至在收費基準公告底下加上「僅供參考，實際收費請依兩造契約行使」，自廢武功。

只要國家角色與企業責任在照顧這件事上繼續缺位，不管家長怎麼安排托育，都不算是真正的「選擇」或「自由」，只是階級與性別交織的產物。台灣的托育，要從受困於性別規範與階級條件的這端，走到人人都享有各種可能且能夠真正「選擇」的那端，不管在財政上、制度上、法規上、治理上、空間上、觀念上，都還是漫漫長路，需要更多人的共同關注與努力。

STATION 5-2

從「別讓孩子輸在起跑點」到「培養孩子成為他自己」！
——從體制外看教育改革

台灣親子共學教育倡議人　**郭駿武**

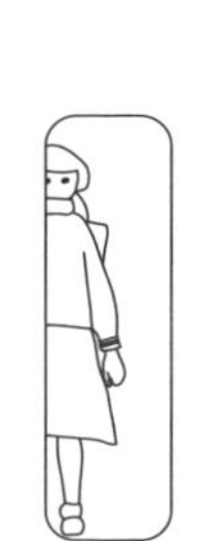

從事教育改革的社會運動多年來，我很少去迎合社會的競爭框架，但是以專職奶爸的身分帶小孩後，便發現那主流的、傳統的競爭價值框架從來就不會放過你。

帶著小孩出門，鄰居會問你：「不用上班嗎？媽媽呢？」孩子肚子餓了，你取出精心準備的副食品，孩子吃得很開心，但一旁搭配的是旁人自以為憐憫的眼光。你從資本主義的工作職場離開，卻進入一個更誇張的教育商品市場：高價的教育理念商品，人工、塑膠化的玩具，教育的食衣住行育樂「競爭」的是誰能提供孩子「好」的物質環境，但卻沒人在乎這是不是適合「人」發展認知的環境。

我帶著孩子生活，參與孩子的生命，忍耐了將近兩年之後，決定在網路社群號召組成共學團。我沒有天真地認為這樣就可以改變資本運作以及功利導向的社會，只求自己不要被改變或影響，成為離自己越來越遠的人。

透過一個家庭、三個家庭、五個家庭的共同學習及合作，台灣親子共學團在二〇一二年中推動至今四年內在十二個縣市成立了四十多個共學團，每個共學團由二十至廿五個幼兒（〇～六歲）家庭組成，全國加起來有超過一千個家庭，一千五百個孩子，在接近大自然的環境中進行自主學習、生態共生的共學。

這些家庭為什麼捨棄坊間各種說得天花亂墜的教育理念以及才藝至上的幼兒園？她們為什麼寧可縮衣節食，從勞動市場離開，都要堅持陪伴孩子長大？她們要如何面對台灣既競爭又令人焦慮的「集體文化」以及「國家教育霸權」的壓迫呢？

親子共學團能在短短四年內快速發展，如果只依據簡單的定義，一般會以市場供需來解釋，甚至以「不要讓孩子輸在起跑點」的心態來解讀。然而，以資本市場的脈絡定義親子共學團，卻無法細緻地了解參與親子共學團的家庭在教育理念上經歷的是何種價值調整、對父母要求了何種委身，對整個教育市場又輸入了何種嶄新的價值。於是本文試圖耙梳台灣的教育如何從「威權國家框架」中的國民教育，進一步演變到「資本市場」推波助瀾地介入教育導致教育商品化，最後討論「人」面對教育的覺醒與實踐。

威權國家框架中的國民教育

「別讓孩子輸在起跑點」這句話源自某品牌奶粉的廣告影片，一時之間蔚為風潮，台灣家家戶戶琅琅上口。對照當時國家教育環境，有「聯考制度」作為基礎，「明星學校」作為競爭目標，於是我們很容易就把體育競技活動連結到教育現場：起跑的快慢，決定了誰能拔得頭籌。

這句廣告詞還帶來更明顯的「暗示」：由於國家在國民教育上的低廉投資，想要孩子出類拔萃，家庭必須額外提供更多更好的認知學的養料給孩子。這樣的「暗示」後續演變成升學補習班的招生「明示」，也對應了許多父母對於升學競爭的想像。大家沒有想到的是，國家訂出如此的競爭規則，為的是什麼？如此的競爭規則服膺的是什麼樣的意識形態？

台灣經歷民主選舉不過廿四年，民主的形式尚待深化為民主的實質內涵，這一世代的父母在威權國家形態主掌的國民教育中成長，而威權教育制度的意識形態是「人民是國家的工具」、「教育是廉價的國防」、「經濟人力的規劃是國家的發展基礎」等等。國民教育背後的意識形態，透過各種競爭形式劃分出各種階級，並經由資源分配來穩固階級利益，並以聽話、乖巧、成績為規訓目標，打罵教育為規訓方法，以此打造文化上的工具思維及習性傳遞。

台灣這廿四年中，國家逐漸放鬆各種管制，卻未調整資源的分配。當新自由主義經濟浪潮席捲全世界時，台灣的教育面臨的卻是威權國家教育制度的龜速轉型。國家吸納了民間改革的理想，卻只換湯不換藥地修改枝微末節，也不去處理教育中關於民主、關於人的發展的意識形態問題。眾多的父母與家庭在上述的教育環境中養成，只能以贏過別人為競爭目標，並以此換取工作與經濟上的優勢，期待孩子成為掌握權勢的高級工具，或是有效率、高人一等的工具。

「別讓孩子輸在起跑點」這句口號的流行與深入人心，對應的是充滿工具理性思維的社會競爭環境。

資本市場介入教育現場

隨著台灣的經濟發展，競爭中的工具理性思維如同得到豐厚的肥料灌溉。在學習上，人們不再關心學習的歷程與收穫，卻在乎學歷能否換取高報酬的工作。在工作上，不再只是為了理念，而是希望躋身高社經地位，獲取更高的金錢和名望。一般民眾對教育的認知滋養了補習教育，為了孩子能讀明星學校，家長甘願花大錢送孩子上補習班、學才藝。如同韋伯在《新教倫理與資本主義精神》中指出，新教倫理強調勤儉和刻苦等職業道德，通過世俗工作的成功來榮耀上帝，以獲得上帝的救贖。這一點促進了資本主義的發展，同時也使得工具理性獲得了充足的發展。但是隨著資本主義持續發展，宗教的動力開始喪失，物質和金錢成了人們追求的直接目的，於是工具理性走向了極端，手段成為了目的，成了套在人們身上的鋼鐵牢籠。

那麼，父母要如何掙脱牢籠，讓人重新成為人、成為目的，而不是工具呢？

讓孩子成為他自己

親子共學理念基於對國家霸權、教育功能、資本主義、工具理性的批判，重新回到「人」的立場進行價值理性的思辯與實踐。韋伯提出的價值理性和工具理性的概念辯證，促成了親子共學團的運作形態。

一、從家庭出發，以「人」為主體的組織運作

家庭是最小的社會單元，在華人世界的上下權力關係中，卻是傳統保守的場域，也是幼

兒成長的基礎。日常生活的互動、語彙的交流，形塑出孩子對於自我與他人的認知。相對於父權文化中的家父長制度，共學團以平等與尊重的理念建立新的家庭文化，並且練習捨棄打罵教育的規訓方法，強調對話與討論的民主精神。

因為平等，不刻意強調以孩子為中心，反而對於「人」的整體認知與發展進行探究，透過共學團的學習（專業諮詢、讀書會、專題講座）與社群支持，回到家庭後繼續練習，並將練習的結果回饋至共學社群。

二、強調社會公共參與

人的發展是永無止境的過程，社會的發展也是永無止境的過程。在自由與秩序、個體與社會、衝突與妥協中辯證前進，針對生態空間、基本人權、實驗教育等社會公共議題，共同參與、討論、實踐，父母既學習又以身教示範，孩子則在共同生活模仿與學習。推動社會環境改變的同時，父母與孩子從中也自主學習。關切面向包括反核遊行、反服貿運動、反迫遷運動、反課綱運動、性別平權同志遊行、爭取親子車廂運動、反罐頭遊具行動、反空汙遊行等。

三、以基本物質條件維持生存

面對社會的集體經濟焦慮，共學團實踐讓物質條件維持在足以生存的條件，從自然共生出發，以手作、交換、資源分享等基本運作形態，拒絕消費的誘惑，並重新看待人與勞動的關係。馬克思在《資本論・第一卷》中表示：「勞動首先是人和自然之間的過程，是人以自身的活動來引起、調整和控制人和自然的物質變換的過程。人自身做為一種自然力與自然物質相對立。為了在對自身生活有用的形式上占有自然物質，人就使他身上的自然力——臂和腿、頭和手動起來。當他通過這種運動作用於他身外的自然並改造自然時，也就同時改變他自身的自然。他使自身的自然中沉睡著的潛力發揮出來，並且使這種力的活動受他自己控制。」潛力發揮很重要，受自己控制很重要，如今人的生活脫離自然，人的一切所需來自市場，包括人的勞動力都是買賣市場上的商品，一旦進入這個遊戲，就是工具化與無盡的金錢競逐。

白話說，人不外乎要活著，所需無多，所吃所用若能更直接取於自然，取用的時候便滿足了自身創造力，成就了自身的樣子，也就是成為自己。親子共學透過生態共學村形式，在荒蕪的廢校中憑著手作，修屋、農作、木工。面對沒有門的廁所，直接動手製作竹編門而不購買，遇到問題，例如門縫太大或是不夠牢靠，便想辦法解決。問題在眼前發生，靠雙手解決，而在構想與實踐之間的距離、在模糊沒有解答之處，就是自主學習的地帶，也是人的自我實現。

共學村帶動對生活、勞動的省思，根本打破工具化的源頭，一兩個家庭的醒覺，一兩個共學村的設立，透過與外部社會的不斷對話，讓集體經濟焦慮至少打破一個缺口。後續如何，再觀其變。

四、推動自主學習實驗教育

從四十多個幼兒共學團延伸至八個暖暖蛇小學共學團以及一個國高中共學平台，並以此共學形式與偏鄉六所體制小學進行實驗教育交流與對話。以「主題課程」打破以科目為主的課程形態，並以提問式教學進行現場對話，以多元學習空間破除教室的學習侷限。這是一場父母爭回教育選擇權的革命，唯有為數夠多的父母參與教育，才有了實質力量，把孩子從資本市場高級工具幼年軍培養皿中釋放出來。這場大規模的教育互助，把實驗教育從家庭文化資本或經濟資本的限制中釋放出來。這已經不是以促進階級翻轉為目的，而是從根本上拒絕階級的劃分，重新定義什麼是人的生活，什麼是人的生命。

讓孩子成為自己，孩子究竟會長成什麼模樣？被盒子四面封住的樹苗，試圖伸展枝葉會遭遇何種結果？群體生活就必然有框架，但不斷試圖打破或增加不同框架的思索是必要的。若一味順應學校、社會、國家的框架，雖迴避了衝突，卻也錯失人發揮自我的機會。在衝突與妥協中衝撞與辯證出來的生命，成為自己的答案就在當中顯現。

STATION 5-3

美好社會的形成——養出有公民意識的孩子

鷺江國小教師 **翁麗淑**

事件一：我要怎樣的捷運站？

捷運蘆洲線通行之後沒多久，有一次我在捷運站想找地方為手機充電。就在我東張西望時，身旁年幼的兒子露出不對勁的表情。他說：「這樣不可以吧？」我回答：「你覺得媽媽使用捷運站的電力，是占用公共資源，是自私的行為，是嗎？」他點點頭，覺得媽媽做了丟臉的事。我又問：「那我來捷運站上廁所，算不算自私呢？」他說：「如果很急就沒關係。」我再問：「那如果不急就不應該嗎？」他有點困惑地說：「應該也不是，但是……」

我最喜歡看到他這樣的表情，表示思考正在啟動，我也知道孩子上學之後，不斷接收到許多「無私」的道德觀：私事不應該影響團體；私人的需求要自己想辦法解決，不應該妨礙大家；最好可以「犧牲小我，完成大我」。但媽媽竟然在捷運站找插座充電，簡直不可思議。

我進一步問孩子：「如果捷運站不要設電梯和電扶梯，不要設廁所，把月台走道設計得窄一點，是不是可以節省很多成本？反正只要可以搭乘，像公車一樣，有個軌道，上車再刷卡，大家還是會乖乖來搭。你覺得這樣的捷運站如何？」兒子皺著眉頭，顯然不同意，但又覺得有理，一時不知如何回應。

事件二：人讓車還是車讓人？

有個媽媽跟我分享了她和孩子的對話。有一次孩子盯著學校外面的天橋問她：「媽媽，為什麼要有天橋？」媽媽告訴她是為了行人的安全。孩子說：「那為什麼不是車子讓人，而要我們繞遠路爬上爬下去讓車子？」

事件三：看到違規事件時

捷運站周圍的腳踏車停車區十分擁擠混亂，腳踏車架已經滿了，很多車停在車架之外，占用到行道區。這天身旁有位先生走過，很不高興地說：「這應該要拖吊，即使是腳踏車，不按規定停車就應該拖吊，這樣大家就不敢亂停了。」

當時孩子似乎也頗為贊同。

事件四：如何幫助弱勢者？

上高速公路前的那個紅綠燈，總是有個賣花的婦人趁著紅燈時向駕駛兜售玉蘭花。我們家有時會買，有時不會。沒買的那次，孩子很疑惑：「為什麼不買？」

顯然，他認為買玉蘭花對婦人有幫助，我們為什麼不幫助她？

事件五：我與養狗的鄰居

鄰居非常愛狗，他們常常帶著家中體味濃厚的長毛大狗出門，若在電梯裡相遇更是讓人難受。顯然有人跟管委會反映了這個問題，因此後來他們帶狗出門時便會隨身帶著芳香劑。

我不喜歡狗味，但我更怕芳香劑的味道，只要電梯裡又充斥著難聞的狗味和化學香劑，我就會用衣服緊緊摀住口鼻。

有一次，電梯門要關時，鄰居和他們的大狗也一起進來。走出電梯之後，孩子問我：「這麼難聞，妳還可以跟他們有說有笑，還說沒關係。」我知道孩子在電梯裡也憋得難受，而且還覺得媽媽實在太假了。

父母先成為公民

台灣歷經世界上最長的戒嚴時期，這段時期對台灣影響甚劇，即使在解嚴後，那種蒼白的恐懼、對威權的服從，以及對公共事務的冷漠，仍活躍在我們靈魂裡，支配著我們的工作、教養以及看待世界的眼光。最可怕的是，很多人對這樣的控制毫無病識感。

我自己就是在戒嚴的威權體制裡長大的女性，威權政體與父權結構，對女性是雙重甚至多重壓迫。但即便已進入後解嚴時代，仍需誠實看到自己的怯懦與扭曲的奴性，才能生發破繭而出的勇氣，也才能帶著孩子一起面對。

上述事件發生時，我的心情多是憂喜摻半。憂慮的是，我的孩子受學校教育影響極深，而這些道德高調，不小心就會養出正義魔人。開心的是，孩子已經懂得觀察身邊的人事物，也能將認知到的價值拿出來比對。

對於什麼是「個人」、什麼叫「自私」、什麼是「團體」、什麼是「公共資源」，還有這些概念的關係為何，教科書並沒有清楚解釋，老師通常也不會跟孩子好好討論（甚至老師也沒想清楚）。於是，道德規範很容易就成了口號，孩子無從思索人與團體的關係，更不用說他與環境的關係。要建立個人與群體的正常關係，得先懂得何謂公民，而公民意識的養成至少有三個方向：

一、主體意識

能辨識自己在團體中的位置。團體可能是一個班級、社團、學校或社會、國家，了解自己與團體的關係，也思考我的意見應如何表達、我期待如何被對待。最重要的是，要能辨認出那些規訓我們乖順、為他人著想、為團體犧牲奉獻的教條，然後再來決定要不要遵守。

二、自由意識

有了主體意識之後，要進而釐清秩序規範與我們的關係。秩序有助於我們建立有效率、有方向的生活，但也常讓我們忘記獨立思考的重要性，甚至忘了我們是自由的。我們是不是應該有其他選擇？我們是不是應該思考不同群體的需要？最重要的是，要看到權力位階的不同，我們應小心提防自由可能因此變形。

三、責任意識

意識到主體與自由的重要性，我們便要看到自己相應而生的責任。如果我們期待自己的主體性受到重視，也期待自己能展現獨立自主的思考，那我們正是在期待一個公平正義的社會，也就是期望平等、沒有歧視與差別待遇的環境。所以，我必須時時檢視自己是不是帶著偏見？是不是在自己個人的喜惡或恐懼中傷害了其他族群？最重要的是，我們不只要要求自己，當我們看到不公義的事情，也要挺身而出。

建立公民的主體意識

使用公共空間中的設施，或在公共空間中行動、遊戲、約會甚至工作時，你是否意識到身為公民該怎麼感知，或想像這些空間創造時被賦予了何種使命？

在事件一中，捷運站提供充電服務確實是可行方案，因為設置充電座並不難，更重要的是，一個城市的幸福指數，就建立在這個城市的公共空間能否符應人們在交通過程可能面臨的各種需求。

果真，過沒多久，捷運站就設置了充電座！

確立自我的主體性，並看重自己的需求，再將需求放入公共設施的設計裡思考實現的可能，是公民很重要的能力。

在自由意識中辨識權力關係

事件二的這位媽媽，是懷著驕傲的心情告訴我這件事，因為她的孩子帶領她看到人與環境的權力關係。人與周遭環境和各種工具的互動，都應該以人為首要，以人為思考的核心，因此，當車與人爭權，車應該讓人。國家在設計一座城市的環境時，理應將這點納入思考，而公民應該促成人性的城市規劃。

在自由意識中辨識規範

事件三中，孩子似乎很贊同用嚴懲來改變停車亂象。當時我問他：「但如果這裡的停車空間大一倍，還會這麼亂嗎？」

孩子毫不猶豫地說：「當然不會啊，可是現在就只能這麼大，徵收太多土地不好……」他一面說，一面看著擁擠到身邊的腳踏車。

我問他：「所以真正的問題是什麼？是大家貪圖方便，故意不守秩序亂停車，還是空間不夠？」

他點點頭說：「是空間不夠。而且如果這裡罰錢，可能大家就會停到其他不會罰錢的地方，那就是讓別的地方變亂。」我很高興孩子能舉一反三。我們兩個索性坐在路口的水泥護欄上，看著這些亂七八糟的腳踏車，想著：「如果你是市長，你會怎麼做？」我們比手畫腳地討論哪裡可以多設腳踏車架、原有車架的設置方向如何調整以多停一些車，還有車架的設計怎麼改變會更好停。

然後這個鐵道迷的孩子說：「可是，我想去開火車，並不想當市長。」

我笑著告訴他，我們並不是要訓練他去當市長，而是練習思考，我們期望市長怎麼想，然後想辦法去告訴市長，並且監督他們。重點在，看到亂象的同時，也要學著看到需要。違規或犯錯的人有可能在呈現他的其他需求，我們不能只看到錯誤的事，還要看到他需要什麼幫助。

在責任意識中看見國家的責任

既然如此，在事件四，孩子的疑惑就更深了。為什麼媽媽捐錢給ＮＧＯ從不手軟，但對賣玉蘭花的阿姨並沒有特別熱情購買？

我說：「就算我每天買，阿姨每天可能再多賺二十元或一百元，但這樣有真正幫助到她嗎？而且她在這裡賣玉蘭花真的好嗎？車子這麼多。」

孩子皺著眉頭說：「如果很多人買就有幫助，但是這裡賣花很危險，而且一直吸廢氣。」

我：「沒錯，如果很多人買，可能賺多一點，但也會鼓勵她繼續在這個糟糕的環境裡賣花。」

孩子問：「但為什麼妳有時候也有買？」

我：「因為我想讓她感受到我的善意。很多車子連車窗都不開，這樣感覺好冷漠，就算我不買，我也會跟她打招呼，說：『我今天不需要，謝謝！』我想讓她知道，我買花是因為我需要，我覺得車裡有花香很美好，而不是因為同情她，所以不需要的時候就不必刻意買。」

孩子：「可是，她這樣可能就賺不了什麼錢。」

我：「你覺得有人生活困難，誰應該負責？」

孩子：「政府！」（因為做過一些練習，小孩已經很習慣看到政府的責任。）

我：「政府的社會福利政策應該要看到有人有需要，必須幫助他們，免得其他人也過得愧疚不安心。這是國家重要的責任！」

孩子：「那……會不會阿姨是真的很喜歡賣花，並不是生活困難？」

我很開心孩子想到這個可能，表示他對人的樣態並不那麼刻板。我說：「那國家更應該想辦法幫她實現夢想，找花店老闆來分享成功的經驗，或花藝設計者、園藝家，看她的夢想是什麼，大家一起幫助她。」

孩子：「也許她不喜歡那樣工作，她喜歡自在地賣玉蘭花就好。」

我接著說：「是啊，她也有可能想用賣玉蘭花旅行全世界，到一個地方就賣賣玉蘭花賺一點錢，感受一下不同的風景和人情，再繼續旅行。這樣的人生也還滿讓人羨慕的！」

孩子：「但會不會有些人就是不努力工作賺錢？」

我說：「誰規定要努力工作賺錢？憲法沒有規定這種義務啊。」

「這……」他說不出話，可能還覺得我有點無賴。

我說：「每個人喜歡的生活不一樣，有些人很享受工作，不努力工作就覺得不舒服。有些人有比較高的物質欲望，或想要累積比較多財富，所以選擇更努力工作。但有些人不想太努力，覺得簡單過活就好了。也有人找不到可以努力的目標。每個人想要的人生都不同，不管怎樣，政府都應該保障國民有尊嚴的活著，所以不管有沒有努力，一個理想的國家就應該讓人民享受基本的有尊嚴的生活。」

看起來這是可以繼續挑戰的命題，因為學校教的常常是「必需盡到義務才能享受權利」，只是他一時還想不到要怎麼挑戰，但我相信這件事會繼續留在他的腦海裡思考著。

在責任意識中辨識歧視

在事件五中，我被孩子笑「好假」，畢竟我平時就不斷強調「真誠」的重要。但我告訴他：「那是真的，因為在我心中，能和心愛的家人一起生活是很美好的價值，而這隻大狗是他們重要的家人，所以我一定不會表現出不愉快。比起一個快樂的家，鼻子的不舒服就沒什麼，因為，如果是我的家人被嫌棄，我也會很傷心。所以，我不是假裝的！」

孩子說：「但我們家沒有養狗。」

我回答：「是，但是如果失智的阿嬤不小心大便了，身上有臭味呢？如果是弟弟生病了，或是媽媽老了病了，都可能會不好聞，別人也可能擔心會傳染……讓人不舒服的情境有很多，但被別人嫌棄的感覺可能更可怕。一點點嗅覺上的不舒服，真的沒什麼。」

我想告訴孩子的是，每個人都一定有自己的好惡，群體也可能在無形中散播恐懼，但我們必須對這些感受有敏銳度，尤其在面對與自己不同的群體時，更應小心自己會造成的傷害。在重視平等與公義的社會，「人」比什麼都重要，如果不警覺，不小心就成了歧視與偏見的幫凶。

美好社會的期待與代價

當然，美好的社會不只是「要求來的」，也是「交換來的」。倘若我們期待社會共同承擔所有人的困難，也給所有人自由選擇和發展的機會，那麼，我們可能把更多錢交給政府（更高的稅制），好讓政府進行公平分配；甚至把某些自由交給政府（有節制的經濟發展），好讓政府保護弱勢、守護公共價值。我們要有心理準備，付出相應的代價來換取這些價值。就像我們追求「健康平權」的社會，希望貧困的家庭不再因為付不出醫藥費而無法就醫，希望罕病與特殊殘疾孩子的家庭可以得到長期的醫療協助，那麼，公民就得繳納更高的健保費率，好讓健保局健全運作。

這也就像我們一直追求寬容、多元的民主社會，代價就是得容許較沒效率的政策實行，因為民主重視共識，而共識需要充分辯論和溝通，但公民的價值觀可能差異極大，因而整個過程可能非常冗長。這會是整個社會必要承擔的成本，會是我們堅持價值所必須付出的代價。

美好的社會永遠是在不斷碰撞與修正中逐漸形成的，也總會有新的議題要面對，只要公民的基底打得堅實，新的議題都能促使社會更加完善，都值得我們勇敢去思考與面對。培養一個有公民意識的孩子，學著辨識權力關係，也學著深入思索國家與自己的關係，並讓不同個體找到更有尊嚴的相處方式。我相信藉此我們可以更靠近公平正義的世界。

國家圖書館出版品預行編目資料

做爸媽的一百種方式 / 梁莉芳等人著.-- 初版.-- 新北市 : 大家出版 : 遠足文化發行, 2017.04
面； 公分.-- (Common ; 35)
ISBN 978-986-94603-1-6(平裝)

1.親職教育 2.父母 3.育兒

528.2 106003928

Common 35

做爸媽的一百種方式：尋找懷孕、生產、教養的更多可能

作者 梁莉芳等人｜**繪者** 蔡芳琪｜**美術設計** 林宜賢｜**書籍企畫** 宋宜真、梁莉芳｜**特約編輯** 宋宜真｜**責任編輯** 賴淑玲｜**行銷企畫** 陳詩韻｜**總編輯** 賴淑玲｜**社長** 郭重興｜**發行人兼出版總監** 曾大福｜**出版者** 大家出版｜**發行** 遠足文化事業股份有限公司 231 新北市新店區民權路 108-4 號 8 樓 電話・（02）2218-1417 傳真・（02）2218-8057｜劃撥帳號 19504465 戶名 遠足文化事業有限公司｜**印製** 中原造像股份有限公司 電話・(02)2226-9120｜**法律顧問** 華洋法律事務所 蘇文生律師｜定價 400 元｜初版一刷 2017 年 4 月｜